KB161741

위험
블랙홀

위험
블랙홀

위험한 세상에서 살아남기

김찬원 지음

이담
Books

이 저서는 2015년 정부(교육부)의 재원으로 한국연구재단의 지원을 받아 수행된 연구임(NRF-2015S1A6A4A01012325)

머리말

　오늘날 현대를 살아가는 공중들은 많은 실제적 위험에 노출되어 있다. 그러나 그 어느 누구도 스스로 위험에 노출되어 있음을 자각하지 못한다. 우리사회를 커다란 충격으로 몰아넣었던 세월 호 사건을 위시하여 삼풍백화점 및 성수대교 붕괴, 불산 가스누출사고 등은 공중의 머릿속에서 잊혀 졌거나 잊혀가고 있으며, 그에 대한 반성과 교훈도 함께 사라지고 있다.

　현 시대에 존재하는 많은 위험들은 일반 사람들이 이해하기에는 매우 어려운 전문가 영역에 속한다. 그리고 공중은 위험과 관련된 지식이 없거나 부족하다. 그러다보니 사람들은 위험에 효과적으로 대응할 수 있는 방법에 대해 무지하거나 전혀 모르는 경우가 부지기수이다. 더구나 위험과 관련된 지식이 부족하다보니 많은 사람들은 위험과 관련된 정보를 미디어에 의존하지만, 미디어는 위험사건을 드라마틱한 기사거리로 인식하고, 특정위험을 선택적으로 부각시켜 오히려 사회 내에서 위험을 과도하게 증폭시키거나 사람들에게 공포감을 조장함으로서 사회적 혼란을 유발하기도 한다.

　나아가 사람들은 위험에 무관심하다. 자신이나 가족의 생명과 직접적인 관련이 없으면, 그 위험에 대해 별 다른 관심을 보이지 않는다. 이는 세월 호 사건을 포함한 여타의 많은 충격적 사건들이 우리사회에서 빠르게 잊혀 져 가는 원인이기도 하다. 결국, 지금의 위험영역이 일반 사람들이 이해하기에는 난해한 영역에 속하고, 위험에 대한 무지와 무관심 등이 복합적으로 작용함으로서 우리사회에서 위험이 일상적으로 존재하고 있음을 깨닫지 못하게 하고 있다.

그러므로 "우리가 살고 있는 사회가 왜 위험하고, 우리는 어떤 위험한 세상에서 살고 있는지, 그리고 어떻게 하면 위험한 세상에서 자신과 가족의 안전과 안위를 지킬 수 있는지"에 대한 이해의 폭을 넓혀야 한다. 위험을 효과적으로 예방하기 위해서는 왜 위험한지를 제대로 인식할 때, 비로소 가능하다. 제대로 이해시켜야 만 효과적인 대처와 예방이 이루어지는 것이다. 왜냐하면 위험은 위험하다는 것을 인지할 때, 대처나 예방이 가능하지, 위험하다는 것을 인지하지 못하면 그 위험에 대해 전혀 대처할 수 없기 때문이다.

이에 본 저서는 사람들이 자신들을 둘러싼 위험환경에 대해 정확하고 올바르게, 쉽게 이해하고, 평상 시 자신을 둘러싼 위험에 대해 돌아봄으로서 위험사회에 대한 경종과 더불어 위험에 관심을 갖고 효과적으로 대응해나갈 수 있도록 위험사회와 위험환경에 대한 인식을 제고시키고자 저술되었다. 많은 사람들이 본 저서를 통해 우리 한국사회에 내재되어 있는 구조적 위험환경을 제대로 이해하고, 위험과 위험커뮤니케이션에 대한 관심을 촉발시켜 현실적 위험이나 잠재적 위험, 혹은 실제 위기상황에서 효과적 대응을 이끌어낼 수 있는 유용한 지침으로 활용될 수 있길 기대해 본다.

이 저서를 완성할 때까지 많은 어려움도 있었으나, 주위에서 힘을 주신 많은 분들이 계시다. 우선 이 책이 완성될 수 있도록 힘과 기회를 주신 하나님 아버지께 감사드리며, 이제는 고인이 되신 아버지, 그리고 투병 중이면서도 꿋꿋하신 어머니, 누나들, 조카들, 매형들 등 나의 사랑하는 가족, 그리고 항상 옆에서 든든한 버팀목이 되어주시고 따뜻한 시선으로 봐주시는, 그래서 더욱 고마운, 내 마음 속의 스승님이신 성균관대학교 송해룡 선생님, 동료들인 원제선배, 조항민 박사, 이윤경 박사, 최현주 박사, 권영성 교수, 두희와 영아, 그 밖에 많은 도움을 주신 여러 선생님들과 친우들에게 마음 속 깊이 감사함을 전한다.

2019년 4월

김찬원

목차

CHAPTER

01

우리는 위험으로 달려가는
폭주기관차에 탑승 중

1. 위험이라는 폭주기관차

대한민국을 왜 위험공화국이라고 부르는가?

우리가 살아가는 대한민국은 한마디로 말해서 '위험공화국'이라고
불리 운다. 물론 위험공화국이라는 단정적 표현에 반감을 가질지도 모
르는 독자들이 있을 수 있으나, 한번쯤 한국사회가 왜 위험공화국인지
에 대한 의문은 가져볼만 하다.

대한민국이 위험공화국이라는 표현의 옳고 그름을 떠나 그 동안 한
국사회를 충격으로 몰아넣은 사건사고들을 떠올려보자. 아마도 대표적
으로 떠오르는 최악의 사건들로는 1994년 10월에 32명의 희생자가 발
생한 성수대교 붕괴사건, 1995년 06월에 502명의 희생자와 937명의
부상자를 가져온 삼풍백화점 붕괴사건, 2014년 4월에 295명의 희생자
와 실종자 9명이라는 인명피해가 발생한 세월 호 침몰사건, 그리고 앞
서의 사건들과는 다소 그 성격이 다르나, 2015년 5월에 발생하여 온
나라를 쑥대밭으로 만들고, 총 186명이 감염되어 이중 38명이 사망하
여 치사율 20.4%를 보였던 중동호흡기증후군(Middle East Respiratory
Syndrome), 즉 메르스(MERS)의 확산을 들 수 있다.

이 사건들은 모두 한국사회를 충격과 공포, 나중에는 분노로 몰아 간
사건들이다. 이들 사건들의 공통적 특징은 무엇일까? 성수대교 붕괴사
고는 다리를 연결하는 이음새 핀에 대한 안전점검이 정기적으로 이루
어졌어야 함에도 불구하고 소홀히 이루어져 발생하였다.

삼풍백화점 붕괴사고는 불과 20초 만에 지상 5층부터 지하 4층까지

모두 순식간에 무너져 내려 백화점 내에 머물러 있던 사람들이 미처 대피할 시간적 여유도 없었기에 많은 희생자가 발생할 수밖에 없었다.

이 역시 부실시공과 안전관리 소홀이 직접적인 원인으로 밝혀졌다. 특히, 삼풍백화점의 사례는 경영진의 안전문제에 대한 어처구니없을 정도의 무관심과 그것이 어떻게 대형 참사로 이어지는지를 극명하게 보여준다. 원래 삼풍백화점은 4층으로 설계되었으나, 5층으로 불법 증축되었고, 벽과 기둥은 건설 안전 기준보다 약하게 지어졌으며, 사고 당일에는 원인을 알 수 없는 누수현상이 계속되었고, 천장이 내려앉는 등의 이상 징후가 있었으나, 당시 경영진은 이를 철저하게 무시했다.

세월 호 사건은 다른 사건에 비해 복잡한 양상을 띤다. 일단 팩트는 무리한 변침과 화물의 과적, 배에 선적한 화물을 고정시키는 결박 불량 등이 복합적으로 어우러져 침몰사고가 발생하였다. 하지만 문제가 되는 부분은 따로 있었다.

세월 호 침몰 후에 승객들이 약 2시간의 충분한 탈출가능 시간이 있었음에도 불구하고, 왜 그렇게 많은 희생자가 발생하였는가에 대한 부분이다. 필자 역시 세월 호가 침몰한 이후에 속보로 방영되는 TV뉴스를 보면서 주변에 해경들이 도착한 모습, 그때까지도 선체가 완만하게 기울어진 모습을 보면서 "저 정도면 충분히 승객들을 구출할 수 있겠구나' 하는 생각을 했었다.

그때까지만 하더라도 그렇게 많은 희생자가 날 줄은 전혀 생각지도 못했다. 특히, 사고 발생 시 승객구조의 책임을 지는 선장 및 승무원들이"움직이면 위험하니 별도의 방송이 있을 때까지 그 자리에 머물러라"는 선내 방송 이후 별 다른 후속 조치 없이 승객들을 버려두고 자신들만 먼저 탈출했던 부분은 분노를 금치 못할 일이었다.

1852년 선장과 선원은 승객을 전원 구조할 때까지 배를 지키며, 약자인 여성과 어린이를 먼저 구조해야 한다는 해상구조원칙을 세운 영국의 '버큰헤이드(Birkenhead) 호' 선장 및 군인들의 모습과는 대조되는 부분 이었다 (선장을 포함한 군인 435명이 승객들을 구조하고 자신들은 침몰하는 배와 운명을 같이하였다. 이후 이 사례는 선장과 선원이라면 반드시 지켜야 하는 '해상구조원칙'이 되었고, 선장과 선원들의 전통으로 자리 잡았다).

또한 침몰지역에 도착했던 해경의 이해할 수 없는 수수방관과 늦장 대응도 희생자들을 더욱 키운 셈이다. 아마도 이런 행태가 국민들과 세월 호 유가족들을 분노케 하고 그 책임소재를 반드시 밝혀서 그에 따른 합당한 처벌을 내려야 한다는 생각을 하게 만드는 이유일 것이다.

그리고 메르스 사태의 확산 역시 정부의 뒤늦은 대응 및 정보공개에 따른 방역 정책의 총체적 실패로 평가받고 있다. 이러한 사건들의 공통된 특징은 바로 '안전 불감증'이다. 사람들의 의식 속에서 안전이 무너지면 그건 위험으로 다가온다. 안전과 위험은 종이 한 장 차이 밖에 나지 않으며, 안전이 뒤집혀지면 위험이 되는 것이다.

그래서 안전 불감증이 무서운 것이다. 단 한 번의 실수로 인해 수백, 수천 명의 목숨을 앗아갈 수 있기 때문이다. 그리고 안전 불감증은 대한민국을 위험공화국이라고 지칭하는 것과 무관하지 않다.

독일이 '라인 강의 기적'이라고 불리 운다면, 한국은 '한강의 기적'으로 대표된다. 한국전쟁 이후에 철저하게 파괴된 잿더미 속에서 불과 몇 십 년 만에 눈부신 경제부흥을 이룩한 경이적인 현상을 지칭하는 표현이기도 하다. 가히 '한강의 기적'은 세계에서 그 유래를 찾아볼 수 없을 정도로 매우 빠르게 고도의 성장을 이룩한 사례이자 한국을 칭송하고 부러워하는 또 다른 표현이기도 하다.

'한강의 기적'은 한때 우리 민족이 자랑스러워하고 자부심을 가지게 한 상징적 표현이다. 그런데 '한강의 기적'은 또 다른 의미를 내포하기도 한다. 간단한 용어로 설명하면 '압축적 근대화'로 표현된다. 압축적 근대화는 고도의 경제성장이라는 이면에 가려진 어두운 단면이다. 급속한 경제성장으로 우리의 생활수준은 향상되고 질병들로부터 벗어날 수 있었다.

그러나 그와 동시에 다양하고 예기치 못했던 산업재해가 발생하고, 환경은 파괴되었으며, 사회 곳곳에서 연이은 대형 참사가 일어났다. 고도의 성장을 이끌어낸 압축적 근대화가 대규모 위험을 발생시킨 주요 위험 원(risk source)으로 변모한 것이다.

'압축적 근대화'로 인해 우리사회는 '안전'보다는 '속도'를, '내실'보다는 '외형'을, '과정'보다는 '결과'를, 미래에 '부가될 비용'보다는 현재 시점에서의 '비용절감'을 중요한 덕목[1]으로 삼는, 이른바 안전 불감증이 만연한 사회에서 살아가고 있다. 이러한 사회는 언제라도 대형 참사가 발생할 수 있는 가능성을 내재한 위험사회(risk society)이다.

성수대교나 삼풍백화점 붕괴사고, 세월 호 사건, 그리고 메르스 사태는 압축적 근대화의 부산물이자, 안전 불감증이 가져다 준 대형 참사인 것이다. 삼풍백화점이 붕괴되던 날 이제는 고인이 된 가수 김광석은 고별 콘서트를 하고 있었고, 삼풍백화점 붕괴 사고를 전해들은

---

1) 김원제(2003). 한국사회 위험(Risk)의 특성과 치유. 사회연구, 5, 169-196.

그는 "상식적이지 않은 것이 상식화되어 가는 그런 모습들이 많습니다. 비상식적인 일이 또 한 번 벌어졌더군요"라는 말을 남겼다고 한다.

비상식적인 일들이 반복되면 상식적인 일로 되어버린다. 우리는 희생당한 사람들에 대해 안타까워하면서도 '운'이 없거나, '재수'가 없었던 것으로 치부해 버린다. 어쩌면 사고나 위험을 운이나 재수에 맡겨버리는 자포자기적 태도와 우리사회에 만연한 안전 불감증이 위험으로 달려가는 폭주기관차에 몸을 실은 우리의 현재 모습을 나타내는 것일지도 모르겠다.

가난한 나라는 위험을 '희생'이라고 부른다

"다수를 위한 소수의 희생이 아름답다"라는 말이 있다. 설사 없다고 하더라도 이런 말은 그렇게 낯 설게 들리지는 않는다. 과거로부터 지금까지 '나' 하나를 희생해서 '우리'를 지킬 수 있다면, 그 희생은 숭고한 것으로 인식된다.

그래서 희생은 그 자체적으로 영속적인 숭고함을 갖는다. 간혹 우리는 "누가 누구를 구하고, 정작 자신은 희생되었다"라는 기사를 심심치 않게 보게 된다. 2001년 1월 일본에서 지하철 선로에 떨어진 취객을 구하려다 안타까운 죽음을 맞은 故 이수현 씨가 떠오른다.

당시 일본에서 취객을 구하려다 희생된 사람이 한국인 유학생이었다는 사실이 알려지면서 일본 사회에 커다란 충격과 감동을 심어주었다. 자신의 목숨이 위태로울지도 모르는 상황에서 피붙이도 아닌 누군가를 위해 기꺼이 그 위험을 감수하고자 하는 행동에는 엄청난 용기가 필요하다.

이것만으로도 칭송받아 마땅하지만, 전통적으로 민족성이 강한 동북아 권에서, 그것도 내국인은 수수방관하거나 어찌할 바를 모르고 발만 동동 구르고 있는 상황에서 외국인이 자신의 목숨은 도외시한 체 누군가를 구하려고 했던 모습은 진정한 '희생'이 무엇인가를 다시금 생각하게 한다.

많은 사람들이 그의 죽음을 안타깝게 생각했음은 물론 그의 살신성인(殺身成仁)은 한국이나 일본 모두에게 귀감이 되었다. 故 이수현 씨의 용기와 희생은 분명코 고귀하고 숭고한 것이며, 단언하건데 어느 누구도 이의를 제기하는 사람은 없을 것이다. 그런데 희생도 다 같은 희생일수는 없다. 흔히 '개죽음'으로 표현되는 희생 아닌 희생(?)도 있기 마련이다.

가난한 나라에서는 늘상 희생을 강조한다. 희생은 국가와 민족의 발전을 위해 필수불가결한 것으로 바라보기 때문이리라. "누군가가 반드시 해야 할 일이라면, 차라리 내가 하겠다." 라는 거창한 말이 사회적으로 칭송을 받는 이유가 여기에 있다.

그런데 정작 자신들 (권력을 가진 사람들이나 자칭 엘리트 계층이라고 생각하는 사람들일지도 모른다)은 아무것도 안하면서 일반 보통의 국민들에게는 희생을 숭고함과 명예로 포장한다. 아마도 숭고함이 깃든 희생은 그 자체로 명예이며, 역사에 길이 남는다는 식으로 말이다.

가난한 나라에서 희생을 강조하듯, 부자 나라에서도 희생은 늘 강조된다. 그런데 이때도 희생은 언제나 가난하고 힘없는, 일반 보통사람의 몫이다. 군대 병역문제를 생각해보자. 힘 있고, 돈 많은 사람들을 보면, 그들 대부분 병역면제이다 (물론 다 그런 건 아니다).

우리나라 정치인들이나 고위공무원들 중 병을 핑계로 병역 면제된 사람들이 많다. 그런데 정말 우연치 않게도 그 자식들도 병역이 면제된 경우 역시 많다. 병도 대물림되고, 병역도 대물림되는 것이다.

이쯤 되면 우리나라 정치인들이나 고위공무원들은 최소한 신체적으로 정상인들은 아니다. 나라도 건강해야 잘 운영하고 관리하는 것일 텐데, 과연 이런 사람들에게 나라를 맡길 수 있을까? (과거 우리는 가난한 나라였다. 1970년대까지만 하더라도 우리는 지금의 필리핀보다 훨씬 못사는 나라였다. 지금은 반대가 되었다. 오히려 필리핀은 동남아

시아에서 못사는 나라 중 한 곳이 되었다. 그 이유가 무엇일까? 바로 나라의 경영을 잘못한 정치인들 탓이다. 온갖 부정부패와 비리, 그리고 이를 당연시 하는 분위기가 지금의 필리핀을 만든 것이다. 그래서 산업화를 통해 아시아에서 일본 다음으로 촉망받던 필리핀의 추락은 우리에게 시사하는 바가 매우 크다).

우리나라가 지금처럼 세계적인 수출 강국이자 경제규모 세계 11위라는 놀라운 기적을 일군 그 이면에는 바로 일반 사람들의 희생이 있었기에 가능한 일이었다. 미국의 용병이라는 비난을 감내하면서도 외화를 벌기 위해 희생한 군인들, 유럽으로 파견되어 고국으로 끊임없이 외화를 보냈던 광부들과 간호사들, 뜨거운 사막에서 자신을 희생해야 했던 건설노동자들, 그리고 국내에서 새벽 일찍부터 밤늦게 까지 일만 해야 했던 우리들의 부모님들, 이 모두의 희생 덕분에 지금의 우리와 한국이라는 나라가 있는 것이다.

우리도 한때는 위험을 '희생'이라는 이름으로 내몰린 적이 있었다. 자발적 희생이라고 부른다면, 그나마 '아름다운 희생'이라고 부를 수 있겠으나, 가난하기에 어쩔 수 없는 선택이었다면, 과연 '아름다운 희생'이라고 부를 수 있을까?

그때 권력자들이나 스스로를 엘리트라고 불렀던 사람들은 과연 무엇을 했을까? '희생'으로 내몰린 사람들에 대해 안타까워했을까? 아니면 묘한 미소를 짓고 있었을까? 가난한 나라에서는 위험을 '희생'으로 부르며, 희생할 것을 종용한다. 명예라는 이름으로.

폭주기관차가 '폭주'하고 있음을 모르나?

우리나라는 OECD 회원국 중 세계 10위권 안에 드는 경제대국이다. 한반도, 그것도 반쪽 자리에 지나지 않는 좁은 땅덩어리에서 세계 경제대국으로 부상한 대한민국의 저력은 세계를 깜짝 놀라게 할 만큼 대단한 일이었다. 그러나 한국사회 전반에 걸쳐 잊을 만하면 반복되는 대형 참사는 세계 10위권의 경제대국이라는 자부심을 한순간에 무색하게 만든다.

세월 호 사건이 발생했을 때, 모 연구소 소장으로 있는 선배가 푸념했던 말이 떠오른다. "아주 육(陸), 해(海)에서 골고루 터지는구만. 다음에는 공(空)에서 터지겠네!". 순간 "정말 이제는 하늘에서 대형사고 터지는 거 아닌가? 비행기 추락?"이라는 생각을 잠시 떠올렸었다.

그나마 불행 중 다행이라고 해야 하나? 아직까지 항공기 추락 사고는 없었다. 하지만 "육지나 바다에서 사고가 발생했으니, 이제는 하늘에서 발생할 순서"라는 말이 묘하게 설득력 있게 들렸다.

어쩌다가 한국사회가 이 지경까지 이르렀을까? 많은 전문가들은 그 원인을 '지나친 경제성장 중심의 정책'에서 찾는다. 전문가 냄새가 풀풀 풍기는 용어로 표현하자면, '압축적 근대화'라고 한다 (혹자는 지금의 경제성장 정책 때문에 그나마 이 정도로 우리나라가 성장했다고 주장한다. 나도 이 주장에 태클 걸 생각 전혀 없다. 다만, 압축적 근대화로 인해 나타난 부정적 측면도 긍정적 측면만큼이나 관심 있게 봐야 한다).

압축적 근대화가 가져다준 한국사회의 병폐는 매우 심각한 수준이다. 단순히 사건사고의 발생빈도가 높아졌다는 식의 확률적 계산의 문제가 아니다. 근본적인 원인을 따져보자는 것이다.

1990년대 이후로 빈번하게 터지기 시작한 대형 재난사고의 원인은 압축적 근대화가 가져다 준 병폐, 즉 '한국적 특수성'이 크게 작용한 것으로 지적되고 있다. 외국 사람들은 다른 한국말은 잘 몰라도 "빨리, 빨리"라는 말은 쉽게 알아듣는다. 이것이 한국 사람의 전형적 특성으로 받아들여지고 있다.

이러한 "빨리 빨리" 정신은 한국인의 조급함에서 나온다. 모든 것이든 빠른 결과물을 보여야 직성이 풀리는 한국적 특수성이 비정상적인 발전을 낳는다.

제도를 운영하는 개인이나 조직의 부패, 부실공사, 부주의나 과실, 관리소홀 등이 대형 재난사고의 근본적 원인이다. 그렇기에 한국에서 발생하는 대부분의 대형 재난사고는 사람의 잘못에 의해 나타난 인재(人災)이다. 인재(人災)는 필연적으로 사람이나 제도에 대한 의심과 불신을 낳으며, 의심과 불신이 깊어지면 '신뢰의 상실'로 이어진다.

그렇기에 인재(人災)는 최악의 재난일 수밖에 없다. 그리고 현재 우리사회가 처해 있는 현실이기도 하다. 지금도 우리사회의 "빨리 빨리" 정신은 상당한 힘을 갖는다. 무엇이 그리 급한지 "아직 멀었어?"라는 말을 입에 담고 산다. 우리 주변을 보더라도 이런 상황은 쉽게 목도된다. 과할지는 모르겠지만, 다른 나라에서 10년 걸려 이룩한 것을 우리나라에서는 1년 안에 끝내려고 한다. 무슨 일이든 빠른 결과가 나와야 직성이 풀리는 것이다.

"빨리 빨리" 정신은 필연적으로 사고를 유발한다. 그래서 대부분의 사고는 인재라는 것이다. "빨리 빨리" 정신이 우리사회에 내면해 있듯이, 인재 역시 우리사회에 내면해 있다. 물론 "빨리 빨리" 정신으로 남들이 놀랄 만큼의 빠른 성과가 나타날 수도 있다 (우리의 압축적 근대화가 그렇듯이 말이다).

그런데 사상누각(砂上樓閣)이라는 말을 생각해보자. 기초가 튼튼하지 못하면 오래 견디지 못하고 쉽게 무너진다는 의미이다. 모래 위에 아무리 멋있는 건물을 지어도 오래 가지 못한다. 이것을 아는 사람들은 언제나 불안하다. 언제 무너질지 모르니까.

그런데 멋지게 지어진 건물이 모래 위에 지어진 것임을 모르는 사람들은 그저 건물만 바라본다. 그리고 "와~ 저 건물 정말 대단하다. 어떻게 저걸, 저렇게 빨리 지었을까? 정말 대단해" 이렇게 외칠지도 모른다.

지금 우리사회는 사상누각에 있다. 압축적 근대화가 가져다준 것이 '멋지고 화려한 건물'이지만, 그 건물을 지탱하는 지반은 언제 무너질지 모르는 형국이다. 현재 우리는 압축적 근대화에 취해, 아니면 "빨리 빨리" 정신에 취해 사상누각이라는 이름의 폭주기관차에 올라타 있음에도 그것을 모르고 있다.

결국 지금 우리가 습관처럼 내뱉고 있는, 그리고 사회에 깊게 고착된 "빨리 빨리" 정신은 위험을 향해 내달리고 있는 또 다른 상징일지도 모른다.

죽더라도 이유나 알고 죽어야 덜 억울하지!

우스갯소리지만, 한번쯤 "가진 게 많은 사람은 죽음을 두려워하지만, 가진 게 없는 사람은 죽음을 두려워하지 않는다"는 말을 들어봤을 것이다 (만약 안 들어 봤다면, 지금 보고 있으니, 들은 것으로 치겠다). 사람들은 누구나 죽음을 두려워한다.

현재 이 책을 보고 있는 독자들은 한번쯤 죽음이 두려운 이유에 대해 생각해본 적이 있는가? 죽음이 두려운 이유는 현재 살아 있기 때문이다 (물론 연세가 많은 분들은 종종 죽음이 두렵지 않다고 말하곤 한다. 왜 두렵지 않을까? 그 분들에게 죽음이란 만난 지 오래 된 친구처럼, 또는 얼마 지나지 않아 반드시 찾아올 오래 된 손님처럼 느껴지기 때문이다).

죽은 사람에게는 더 이상 죽음이 두렵지 않다. 왜냐면 죽은 사람에게는 해당되지 않기 때문이다. 그런데 현재 살아 있는 사람에게는 죽음이 해당된다. 굳이 삼단논법 (모든 사람은 죽는다. 나는 사람이다. 고로 나는 죽는다) 을 적용하지 않아도 언젠가는 자신이 맞이해야 할 것이기에 죽음에 대해 두려워하는 것이다. 그래서 사람들은 악착같이 살려고 한다 (왜? 두려우니까!~~).

이처럼 악착같이 살려고 하는데, 혹은 악착같이 살고 있는데, 죽어버리면 얼마나 억울하겠는가? 그것도 무의미하게 죽어버리면 그 억울함은 더욱 커질 것이다. 죽은 사람들에게는 '죽었다'는 것 자체가 같을진데, 살아 있는 사람 (희생된 사람의 가족이나 친구들) 에게는 그렇지 않다. 즉, 죽음이 다 같지 않다는 의미이다. 우리 주변에는 알려지지 않은 죽음이 많다. "왜 죽었는지 이유라도 알면 덜 억울하지?"라는 말이 나오는 이유이다.

세월 호가 대표적이다. 세월 호의 원인은 아직까지 구체적으로 밝혀지진 않았다. 표면적으로는 초과 이상의 화물 탑재, 급격한 좌현 변침이 사고의 원인이라고 한다.

그래서 선장이나 항해사 등 몇 몇의 사람들에게만 그 책임이 지워져 현재 수감 중에 있다. 하지만 많은 사람들이 여기에 순순히 수긍하지는 않는다. 여러 가지 음모 이론만 제기되고 있는 상황이다 (음모 이론이 아닐지도 모르지만, 일단 제기되는 여러 가지 사고 원인에 대해서는 명백하게 밝혀진 바 없기 때문에 일단은 음모 이론이라고 해둔다).

이처럼 음모 이론이 판을 치고 있는 이유는 사고의 원인이 명확하게 밝혀지지 않았기 때문이다. 충분히 납득이 가지 않기에 갖가지 의심이 난무한다. 이러한 의심의 난무에는 박근혜 정부의 책임이 크다. 박근혜 정부는 세월 호의 침몰 사고와 관련하여 철저하게 정보를 통제하였고, 지금도 비공개 원칙이 유지되고 있다.

박근혜 정부 스스로가 의심을 자초한 것이나 마찬가지다. 세월 호 유가족을 비롯한 많은 국민들은 박근혜 정부가 진상규명을 바라지 않는다고 믿는다. 즉, 뭔가 찔리는 것이 있으니까 정보도 공개하지 않고, 진상규명을 위한 조사도 제대로 하지 않는다고 생각하는 것이다 (지금 이 글을 쓰고 있는 시점에 국회의 박근혜 대통령 탄핵 발의안이 통과됨에 따라 박근혜 대통령은 직무정지 되었다. 그리고 박근혜 대통령 탄핵에 대한 주요 이슈 가운데 하나가 세월 호 침몰사고가 발생한 그 시점에 박근혜 대통령은 무엇을 하고 있었는가가 중요한 쟁점으로 떠오르고 있다. 이것은 매우 중요한 문제이다. 세월 호는 21세기 대형 참사로 기록되고 있다. 대통령은 언제, 어느 때나 국민의 안전을 책임지고, 보호해야 하는 위치이다. 그렇기에 세월 호라는 대형 참사가 발생했을 때, 승객들을 구하기 위해서 대통령은 무엇을 했고, 어떤 조치를 내렸는가가 중요한 문제로 부각되는 것이다. 대통령의 손에 국민의 목숨과 한 나라의 운명이 달려 있다고 해도 과언은 아니다. 그래서 대통령의 직무태만은 절대 있어서는 안 될 일이다).

그래서 이제는 진상규명이 아니라 진실규명으로 바뀌었다. 뭔가 숨기는 것이 있다고 판단하기 때문이다. 그래서 억울한 것이다. 아직도 어린 나이에 자신이 왜 죽어야 하는지도 모르고 죽었기에. 그리고 때로는 살아 있다는 것이 죽는 것보다 더 힘들고 어렵다는 것을 깨달을 때가 있다.

지금 세월 호로 인해 어린 자식들을 잃은 부모들이 그럴 것이다. 살아 있되 살아 있지 않은 존재, 살아 있는 것도 아니고 죽어 있는 것도 아닌 존재. 지금 세월 호 희생자들의 마음이 그럴 것이다.

과거는 현재를 살아가는 기준이다. 과거를 통해 반성을 하고, 그것을 밑거름으로 현재를 살아간다. 진실규명이 중요한 이유는 다시는 그와 같은 사고가 재발되지 않도록 방지하기 위함이다.

세월 호 희생자들을 기리는 방법은 그와 같은 억울한 죽음이 다시는 나오지 않도록 하는 것이다 (교과서적인 말일지도 모르나 애석하게도 지금을 살아가는 우리들에게 이것 말고는 할 것이 없다). 이번 세월 호 참사는 어쩌면 우리사회에 뿌리 깊게 남아있는 무사안일주의에 기인한 것인지도 모른다.

2. 우리의 종착역은 어디일까?

위험환경 해부하기: 과학기술은 두 얼굴의 야누스

아주 오래 전에 사람들의 삶에 불안과 위험을 주었던 것은 자연환경이었다. 태풍이나 지진, 해일, 가뭄, 화재, 폭우, 대설 등이 많은 인명과 재산 피해를 유발하는 요인이었던 셈이다.

하지만 현대사회에 와서는 기술 환경이 그 위험을 대신해나가고 있다 (물론 지금도 자연재해는 인간에게 커다란 피해를 유발하는 원인이지만, 오늘날의 과학기술은 자연재해로 인한 피해를 사전에 막을 수 있을 정도로 발전하였다. 자연재해 발생을 정확하게 예측하고, 또 사전에 막을 수 있는 선제적 대응체계를 갖추어 나가고 있다. 애초부터 자연재해를 완벽하게 차단하는 것은 아직까지 인간에게는 불가능의 영역이지만, 자연재해 발생 시점을 정확하게 예측, 그에 대해 사전에 대비할 수 있는 체계를 갖춤으로써 그 피해를 최소화할 수는 있다. 확실한 것은 과거에 비해 자연재해에 의한 재난으로부터 훨씬 더 안전한 사회에서 살아가고 있다는 점이다).

현대사회에 와서 왜 과학기술이 위험을 대체해나갈까? 한번쯤 의문을 가질 필요가 있다. 인간은 현대 과학기술의 눈부신 진보에 힘 입어 물질적 풍요를 이룩하였고, 생활수준이 비약적으로 향상되어 전반적인 삶이 윤택해졌다.

또한 과학기술이 의학기술에 접목되면서 몇몇 난치병을 제외하고는 거의 모든 질병을 정복할 수 있었다. 이제는 체세포복제기술을 통해 동물로부터 장기를 공급받아 인간에게 이식할 수 있는 수준으로까지 발전하고 있다.

그리고 체세포복제기술이 더욱 발전한다면, 세포대체요법(Cell Replacement Therapy) (세포대체요법은 질병에 걸린 세포를 새로운 건강한 세포로 바꿔주는 요법이다) 을 통해 난치병으로 알려진 파킨슨씨병, 알츠하이머(노인성 치매), 척추손상에 의한 사지마비, 중풍, 소아당뇨병, 심근경색, 간 경화 등의 질환 치료가 가능해질 것이다.

분명코 과학기술은 인류의 발전에 커다란 획을 그은 셈이다. 그러나 어마 어마한 과학기술의 혜택을 마냥 기뻐할 수만은 없다. 왜냐하면 모든 과학기술이 항상 긍정적인 방식으로만 나타나는 건 아니기 때문이다. 새로운 과학기술은 전에도 유례가 없을 정도의 규모로 사람을 살상하였고 (화학무기가 발명되면서 살상의 규모는 수십 배 증가하였고, 고도 과학기술에 기반을 둔 첨단무기-핵무기-는 지구를 일순간에 아무도 살지 않는 황무지로 만들 수 있는 파괴력을 가지고 있다), 환경을 오염시켰으며 (각종 산업폐기물, 공해, 미세먼지, 기후변화 등),[2] 우리가 예상치 못했던 새로운 위험을 만들어 내고 있다.

우리는 대형기술 사고를 심심치 않게 목도한다. 2011년 3월에 발생한 일본의 후쿠시마(Fukushima) 원자력발전소 폭발사고가 비교적 근래에서 가장 컸던 기술사고일 것이다 (후쿠시마 원자력발전소 폭발사고는 동일본 대지진과 쓰나미, 그리고 도쿄전력의 늑장대처와 무사안일이 합쳐진 재해이다. 2012년 7월 일본의 국회사고조사위원회는 후쿠시마 원자력발전소 폭발사고가 천재지변에 의한 것이 아니라 인간

---

2) 이장규, 홍석욱(2006). 공학기술과 사회. 서울: 지호.

에 의해 만들어진 인간재해라고 결론 내렸다).

원자력발전소는 우리에게 무한에 가까운 청정에너지를 제공한다. 석탄이나 석유와 같이 화학연료를 파내 자연환경이 파괴되는 염려도 없고, 석탄이나 석유를 땔 때, 유발되는 공해의 걱정도 없다.

가히 원자력발전소는 지금까지의 기준으로 봤을 때, 현존하는 최고의 청정 에너지원이라고 볼 수 있다. 하지만 어느 한 순간 인간에게 재앙에 가까운 위험원(risk source)으로 변모하였다. 사람이 유출된 방사능에 의해 피폭되면, 다양한 질병에 걸릴 가능성이 많고, 방사능이 사람이나 동물, 식물의 DNA를 파괴시켜 돌연변이를 유발하기도 한다.

또한 한번 유출된 방사능은 100년이 지나도 사라지지 않는 죽음의 땅으로 변한다. 1986년 4월에 발생한 구소련(현 러시아)의 체르노빌 원자력발전소 폭발사고 (1986년 4월 26일 체르노빌 원전에서 20세기 최대이자 최악의 원전사고가 발생했다. 원인은 터빈발전기 관성력을 시험하기 위해 낮췄던 출력을 무리하게 높이다가 원자로가 폭주해 수소폭발이 일어났고, 이어 핵연료가 순간적으로 파열, 원자로가 폭발했다. 31명이 죽고 피폭(被曝) 영향으로 1991년 4월까지 5년 동안에 7,000여 명이 사망하고 70여 만 명이 치료를 받아야 하는 것으로 알려졌다. 또한 방사성 물질이 유럽의 광범위한 지역에 낙하해 수십 년간 피해를 주기도 하였다)[3] 로 인해 지금까지도 그 지역은 사람이 들어갈 수 없는 금지의 구역으로 되어 있다.

---

3) 뉴시스(2011.03.29.). 이슈진단 '日 원전폭발..한국은 안전한가'-강진, 쓰나미 사고로 방사능 누출... 식품서도 검출돼.

현재 지구상에 존재하는 대부분의 과학기술은 기회와 위험을 동시에 지니고 있다. 사람들에게 한없는 혜택과 이익을 가져다주기도 하지만, 미래 어느 한 순간에 심각한 위험으로 변모하는, '두 개의 얼굴을 지닌 야누스'인 셈이다.

과학기술은 위험으로 통(通)한다? 불확실성4)

첨단 과학기술은 이상주의자에겐 멋진 신세계를 만들어갈 수 있는 이상적인 결과물이다. 아마도 일반 사람들 중에서도 첨단 과학기술이 가져다 줄 이상적인 미래에 대해 꿈을 꾸고 있는 사람들이 분명히 있을 것이다.

특히, 현대의 의학기술로 고칠 수 없는 질병에 고통을 받고 있는 사람들에게 첨단 과학기술은 자신의 질병을 완치시켜줄 유일한 방법이라고 인식될 수도 있다. 척추신경 손상으로 휠체어에 의존하는 사람들, 시신경 손상으로 앞을 볼 수 없는 사람들, 암으로 시한부 삶을 살아가는 사람들은 언젠가 첨단 과학기술이 수많은 질병을 극복하고, 그 수혜자가 자신이 될 것이라는 희망의 끈을 놓치지 않고 있을지도 모른다(나 역시 질병에 고통을 받고 있는 많은 사람들이 하루 빨리 완쾌되어 새로운 희망 속에서 살아갔으면 한다. 나의 어머니 역시 뇌경색으로 반신불수가 되어 요양병원에서 장기적인 치료를 받고 계신 터라 그런 마음이 더욱 굴뚝같다).

하지만 냉정하게 말해서, 그 어느 것 하나 확신할 수도, 속단할 수도 없다. 언젠가는 첨단 과학기술에 기반 한 의학기술의 고도화로 그 동안 정복되지 않은 질병들을 치료할 수 있는 길이 분명히 열릴 것이다.

그런데 문제는 '언제(when)'이다. "언제 치료의 길이 열릴 것인가?"가 발목을 붙잡는다. "과연 내가 살아 있는 동안, 완쾌되어 건강한 삶을 살아갈 수 있을까?" 하는 문제는 당장 질병에 고통을 받고 있는 사

---

4) 이 부분은 본 저자의 글인 프린팅코리아의 <과학기술에 대한 인쇄출판계의 대처와 자세(1)>의 내용에서 일부 발췌하였음을 밝힌다.

람들에겐 중요한 문제일 것이기 때문이다.

그 어떤 과학자나 의사들도 '된다'라는 얘기를 하지 않는다. 그들은 언제나 '확고함'보다는 '가능성'을 얘기한다. 현실과 희망의 경계 속에서 묘하게 줄타기를 하고 있는 것이다 (나는 확고한 대답을 하지 못하는 과학자나 의사들을 비난할 마음은 전혀 없다. 내가 과학자나 의사라도 나 역시 그들과 똑같은 대답을 할 것이기 때문이다).

그 이유가 무엇일까? 혹시 모를 책임을 회피하기 위해서? 이것도 한 이유일 수 있으나, 가장 커다란 이유는 의학기술을 포함한 과학기술의 불확실성 때문이다.

불확실성(uncertainty)이란 과학기술로 인해 나타날 수 있는 미래의 결과가 얼마나 커다란 위험을 초래할지 아무도 모른다는 의미이다. 대부분의 첨단 과학기술은 그 개발의 당위성이 대부분 필요에 의한 것이며, 그 기술이 개발되면 어떤 형태로든 사람들에게 긍정적인 결과를 유발할 것이라는 당위성을 주창한다.

왜냐하면 그 과학기술 개발로 인해 얻을 수 있는 이익과 혜택이 있어야 당연히 그 기술개발에 유무형의 투자가 이루어지기 때문이다.

따라서 과학기술의 개발은 항상 사람들에게 이익과 혜택을 가져다 줄 것이라는 전제 하에 개발된다. 하지만 과연 과학기술의 개발이 무조건 긍정적인 영향만을 미칠 것인지에 대해서는 과학자나 전문가를 포함한 그 어느 누구도 속단할 수 없다.

이는 과학기술에 의한 결과나 영향을 완벽하게 예측하고, 통제할 수 없기 때문이다. 따라서 개발된 과학기술로 인해 우리가 전혀 예상치 못한 부정적 결과가 나타날 수 있고, 그 결과는 인류의 생존에 치명적

결과를 유발할 수도 있다. 이것이 바로 첨단 과학기술이 갖는 불확실성이다.

지금 한참 뜨고 있는 인공지능(AI: Artificial Intelligence)을 예로 들 수 있다. 인공지능은 기계가 스스로 학습을 통해 인간과 같이 스스로 생각하고 판단할 수 있는 능력을 갖추게 됨을 의미한다.

기계가 인간과 똑같이 사고하고, 판단하며, 결정을 내릴 수 있는 독립적인 주체가 되는 것이다. 이러한 인공지능은 로봇에 탑재된다. 이른바 인공지능을 가진 로봇이 등장하게 되는 것이다. 그러면 생각해보자. 인공지능 로봇을 통해 인간이 얻을 수 있는 이익은 상당하다.

우선은 일상생활에서 인공지능이 인간을 대신하여 온갖 잡스러운 일을 다 맡아 하게 될 것이다. 가사에서부터 육아, 청소, 심부름, 빨래, 음식장만, 설거지 등 온갖 귀찮고 굳은 일을 인공지능 로봇이 하게 된다. 주부는 가사와 육아에서 벗어나 자신이 하고 싶은 일들을 할 수 있다.

휴식을 취하거나 자기개발을 위한 자신만의 시간을 보낼 수도 있다. 이 얼마나 편안하고 행복한가? 이 뿐만 아니다. 인공지능 로봇은 훌륭한 농사꾼이 된다. 농부를 대신해서 씨를 뿌리고, 추수를 하며, 식물을 심는 등 모든 일을 도맡아 한다. 눈비가 내리고 강추위가 와도 일하는 데 아무 어려움이 없다.

그런데 한 가지 생각해보자. 우리가 생각하는 것만큼 좋은 일만 생길까?

단정하건데, 절대 그렇지 않다. 양지가 있으면 음지가 있고, 태양이 세상 모든 곳을 비춘다고 하더라도 처마 밑에는 그림자가 드리워지는 법이다. 인공지능 역시 예외일 수는 없다.

많은 사람들이 인공지능에 대해 우려 섞인 말들을 내뱉은 적이 있다. 마이크로소프트(Microsoft) 창업자인 빌 게이츠 (Bill Gates)는 인공지능에 대해 초기에는 기계들이 인간들을 위해 많은 일들을 해줄 것이나, 미래에 인공지능이 강력해지면 인류에게 큰 위협이 될 것이라고 경고하였다.

영국의 우주물리학자 스티븐 호킹 (Stephen Hawking) 박사 역시 인공지능 로봇이 인류보다 빠르게 진화할 잠재력을 갖췄으며, 인공지능이 스스로 진화할 수 있는 단계가 왔을 경우에 인간의 미래에 반드시 우호적일 것이라고 확신할 수 없다고 우려를 표명하였다.

이것은 "누구의 말이 옳고 그른가?"라는 가치 판단의 문제가 아니다.

왜냐하면 현재의 시점에서 그 어느 것도 확실하게 결정된 것이 없기 때문이다. 확실치도 않은 미래의 경고에 겁을 집어먹어 인공지능을 통해 얻을 수 있는 수많은 긍정적 가능성을 포기하기도 힘들다. 이것이 바로 불확실성이 가지는 힘이다.

그리고 현대 과학기술의 대부분이 불확실성이라는 이름의 딜레마에 빠져있다. 지금도 우리가 알지 못하는 곳에서는 수많은 과학자들(기업 포함)에 의해 새로운 기술들이 개발되고 있고, 그들은 자신이 개발한 새로운 기술이 사회와 시대를 변화시키고, 인류 문명의 한 차원 높은 진보에 기여할 것이라는 장밋빛 미래를 꿈꾸고 있을지도 모른다.

하지만 과학기술의 불확실성을 생각하면, 미래 어느 순간에 어떤 모습으로 우리에게 다가올지는 아무도 모른다. 그래서 과학기술에 대한 무조건적인 맹신은 금물이다.

과학기술, 무지할수록 속은 편하겠지

"모르는 것이 약"이라는 말이 있다. 아는 것보단 차라리 모르는 것이 낫다는 의미이다. 만약 모르는 사실을 알게 된 순간 엄청난 심적 고통과 스트레스를 겪게 된다면, 차라리 몰랐으면 하는 마음이 더 앞설 것이다.

우리는 세상을 살아가면서 종종 알고 있다는 것에 대해 후회를 할 때가 있다. 어떤 사실에 대해 앎으로써 문제를 바로 잡거나 어떤 긍정적인 상황을 이끌어낼 수 있다면, 고통이 따르더라도 아는 것이 훨씬 좋겠지만, 그렇지 않다면 굳이 알 필요가 있을까?

만약 독자들이 갓난아이를 입양했다고 가정해보자. 20여 년의 시간이 지나 어엿한 성인으로 자라난 딸에게 입양아였음을 밝히는 것이 좋을까? 아니면 밝히지 않는 것이 좋을까?

20여 년 동안 친부모인줄 알고 자라온 딸이 진실을 알고 나서 겪어야 할 충격과 고통, 원망 등을 생각하면 그 어느 부모도 쉽게 결정할 수 없을 것이다 (어떤 아버지가 어린 아들의 버릇을 고치기 위해 "나는 너의 친아버지가 아니라 너를 다리 밑에서 주어 왔다. 너의 못된 버릇 때문에 더 이상 너를 키울 수 없으니, 네 부모를 찾아가라."라고 했단다. 그래서 어린 아들을 외딴 곳의 주차장에 내려두고, 차를 몰아 주변 근처에 몰래 숨어서 지켜봤단다. 그런데 어린 아들이 1시간이 넘도록 자리에서 움직일 생각을 하지 않더란다. 계속 지켜보다가 다시 어린 아들에게로 간 아버지가 "너의 친부모를 찾아가라니까 왜 여기서 계속 있는 거야?"라고 물었단다. 그랬더니 어린 아들 왈(曰), "아저씨가 무슨 상관인가요? 그냥 아저씨 갈 길 가세요."라고 하더란다. 결국 아버지는 한숨을 쉬고, 어린 아들을 다시 차에 태워서 집으로 왔다는 우스갯스러운 이야기가 있다).

아마 딸의 입장에서는 수십 년 동안 아빠, 엄마로 믿었던 사람이 어느 날 갑자기 아저씨, 아줌마가 되었으니 청천벽력과도 같은 말일 것이다.

드라마를 보면, 이러한 상황에서 항상 남편이 걱정하는 아내에게 다음과 같이 말한다. "지금은 고통스럽지만, 나중에 시간이 지나면 오히려 지금의 선택이 더 나았다고 생각할 거야." 하지만 어느 정도의 시간이 흘러가기 전까지 딸은 고통과 방황 속에서 괴로워할 것은 자명하다 ("차라리 계속 모르는 척 하지, 왜 이제 와서 얘기를 하는 건데?"라는 말을 들을지도 모른다. 드라마를 보면 자주 나온다).

이러한 경우, 어느 것이 옳고 그른 것인지에 대한 절대평가란 없다. 어찌하든 딸에게는 고통으로 다가올 테니 말이다.

이처럼 모르는 것이 낫다거나 모르는 게 약이라는 말은 그저 우리 일상생활의 푸념 속에서나 존재하는 말이다. 하지만 과학기술 분야에서만큼은 모르는 것이 약일 수는 없다.

흔히 대중이라고 일컬어지는 많은 사람들은 과학기술에 무지하다. 그것도 그냥 무지한 것이 아니라 상당히 무지하다. 이에 대해 반론하는 독자들도 분명히 있을 것이지만, 불행하게도 "대중은 과학기술에 상당히 무지하다"라는 말이 정확하다.

그러면 대중들은 왜 과학기술에 무지할까? 그것도 상당히? 그 이유는 단순하다. 과학기술은 전문영역에 속하기 때문이다.

다시 말해서, 해당분야에 대한 전문지식이 없으면, 이해 자체를 할 수가 없다. 흔한 예로, 의학드라마에서 급한 응급상황에 놓인 환자 앞에서 의사들 간의 치료 관련 대화를 떠 올려보자.

"(의사) 인투베이션 준비하고, (구급대원에게) 어레스트 리듬이 뭐였어요? (구급대원) 에이시스톨 CPR 하는 중간에 제세동 주라고 AED에서 나와서 제세동 한 번 가르고 계속 에이스톨이구요" (의학드라마 응급실 상황 대본 중에서)

아마 위의 대사를 정확하게 이해할 수 있는 사람은 의사나 간호사를 포함한 의료계통에 속한 사람들 외에는 없을 것이다. 그러면 왜 과학기술에 대해 무지하면 안 될까?

우리는 광우병이나 메르스, 신종플루를 통해 위험이 불안과 공포를 유발하고, 그것이 어떻게 사회적으로 확산되는지를 경험하였다 (후에 자세히 나온다).

이것이 바로 과학기술에 대해 무지해서는 안 되는 이유이다. 물론 과학기술은 전문지식이 필요한 분야이다. 저자가 강조하는 것은 과학기술에 대해 전문지식을 갖춰야 한다는 것이 아니라 관심을 가져야 한다는 의미이다.

사람들이 과학기술에 관심을 가질 때, 과학기술은 특정 전문가 집단만의 점유물에서 공유물로 전환될 수 있다. 과학기술은 우리의 삶에 커다란 영향을 미치듯이, 일반 사람들 또한 과학기술 관련 의사결정에 참여할 수 있는 이해당사자이다.

과학기술이 전문가 영역이라는 인식은 우리 스스로를 중요한 의사결정에 배제시키는 것이나 마찬가지이다. 그러므로 과학기술이 전문영역이고 우리의 지식이 부족하기 때문에 정부나 전문가에게 맡긴다는 식의 논리는 스스로를 무책임하게 만드는 것임을 우리는 명심해야 한다.

그리고 과학기술에 대한 우리의 관심은 "시작은 미약하였으나, 그 끝은 창대하리라"라는 성경의 구절처럼, 우리를 진정한 주체로서 진일보시키는 작은 시작이 될 것이다.

3. 위험은 운이라고?

위험과의 위험한(?) 동거

독일에 울리히 벡(Ulrich Beck)이라는 저명한 학자가 있다. 이 양반은 독일의 사회학자인데, 1986년에 발간한 <위험사회 (Risk Society)>라는 책으로 유명세를 탄 양반이다.

이 양반이 <위험사회>라는 책을 통해 주창한 내용의 핵심은 "현대사회는 위험이 사회 구조적으로 내재되어 있다"라는 것이다. 특히, 울리히 벡(Ulrich Beck)이 주목한 부분은 서구 유럽사회에서 고도로 발달한 과학기술로, 인류의 발전에 크게 기여했고, 미래에도 기여할 것으로 믿어 의심치 않던 과학기술이 어느 한 순간 위험으로 변모할 수 있다는 점을 비판하였다.

현대사회는 분명코 찬란한 과학기술의 혜택을 많이 받는 사회이며, 과학기술로 인한 혜택은 지금도 진행형이다. 눈부신 과학기술의 발전을 통해 우리 사회는 산업화되고, 도시화되었으며, 정보화를 거쳐 이제는 스마트지능화로 나아가고 있다.

이는 과학기술의 산물이며, 인류문명의 진화를 보여주는 것이기도 하다. 우리의 삶은 윤택해지고 있으며, 과거에 비해, 그리고 과학기술이 계속해서 발전할수록 모든 것이 점점 더 편리해지고 있다.

비록 그 속에 계층 간 불평등과 차별이 존재하고, 빈부의 격차가 발생하고 있지만, 이것은 그냥 인간의 욕심과 그것을 이용한 자본주의 사회의 또 다른 이면이라고 생각해두자.

과학기술이 우리사회의 편리성과 삶의 질을 증대시켰다는 것에 대해서는 저자 역시 부정할 생각이 전혀 없다. 오히려 과학기술이 가져다 준 다양한 부산물에 대해 긍정적으로 생각하는 바가 크다. 그런데 과학기술이 가져다 준 부산물 모두가 우리가 생각하는 것만큼 유익하고 좋은 것일까?

지금의 현대사회는 과학기술에 의해 세워진 사회이기도 하다. 그래서 과학기술의 혜택을 누리며 살 수 있는 사회이기도 하다. 그런데 울리히 벡(Ulrich Beck)은 이런 사회가 바로 위험사회라고 주장하고 있는 것이다.

그는 왜 이런 주장을 할까? 과학기술은 우리에게 각종 혜택을 주는 문명의 이기이기도 하지만, 우리도 모르게 언제, 어느 때 위험으로 바뀔지도 모르는 특성을 갖고 있다. 오늘 우리가 받고 있는 혜택이 내일 우리를 위기와 위해로 내모는 위험으로 변화할 수도 있다.

그래서 과학기술에 의해 세워지고, 발전된 현대사회는 그 자체적으로 위험성을 내포하고 있는 것이다. 이러한 사회에서 살아가는 우리는 위험과 동거 아닌 동거를 하고 있는 것이나 마찬가지인 셈이다.

과학기술에 의해 이룩된 현대사회는 외부로부터의 위험에 노출된 것이 아니라 내부로부터의 위험에 노출된다. 이로 인해 현대사회는 위험이 사회 구조적으로 내재화된 위험사회라고 지칭되는 것이다. 여기서 하나 생각해볼 것이 있다. 외부로부터의 위험이란 무엇일까? 외부로부터의 위험은 가뭄이나 지진, 기아 등과 같이 인류의 행동과는 무관하게 자연발생적으로 나타난 위험을 지칭한다.

즉, 인간의 바람직하지 못한 어떤 행동으로 인해 나타난 위험이 아니라는 의미이다. 따라서 내부로부터의 위험은 인간의 어떤 행동에 의해 발생한 자연발생적 위험이 아닌 인위적 위험이라는 특성을 띤다. 쉽게 말해서, 인간에 의해 제조된 위험 (manufactured risk) 이라고 볼 수 있다.

그리고 제조된 위험의 근원이 바로 과학기술이다. 우리의 삶을 지금보다 훨씬 더 윤택하고 편리하게 만들 것이라고 믿었던 과학기술에 의해 우리도 모르는 상태에서 제조된 위험을 만들어내고 있는 것이다. 과학기술에 의해 제조된 위험의 사례는 너무나 많고, 다양하게 나타난다. 또한 이전에는 없었던 새로운 위험을 만들어내기도 한다.

우리의 일상생활에 편리성을 제공하는 가스(Gas)를 예로 들어보자. 과거 가스가 없던 시절, 연탄이 겨울의 추위를 막아주고, 음식을 지을 수 있는 유일한 수단이었다. 그러나 연탄은 유독가스를 배출했기에 종종 신문이나 TV뉴스에 연탄가스로 인한 사망사고 뉴스가 심심치 않게 보도되었다.

가스가 등장하고, 가스관을 통해 가정에 연결되면서 우리의 일상생활은 매우 편리해졌고, 연탄가스로 인한 인명사고에서 벗어날 수 있었으나, 가스누출로 인한 폭발사고가 새로운 위험으로 등장하였고, 그 피해는 연탄가스보다 광범위하고, 자칫 대형사고로 이어질 수 있다. 자동차는 어떤가?

자동차가 등장하기 전에는 교통사고라는 개념이 없었다. 그러나 자동차가 등장하고 나서부터 교통사고라는 새로운 위험이 나타났고, 매일 발생하는 일상적 위험으로 변모하였다.

질병 역시 마찬가지다. 과학기술에 의한 일상생활의 편리성은 새로

운 질병을 만들어냈다. 움직임이나 활동량의 부족으로 나타나는 비만
(나태와 게으름), 고혈압, 당뇨, 고지혈증, 암, 에이즈(AIDS) 등은 이전
에는 존재하지 않았던 질병이었다.

이 뿐만 아니라 사이버피싱이나 파밍, 해킹, 디도스나 바이러스와 같
은 각종 사이버범죄, 신종플루나 메르스(MERS), 광우병, 슈퍼박테리
아와 같은 신종 감염병, 심각한 산업공해와 오존으로 인한 기후변화 및
온난화, 미세먼지, 대형 건축물 붕괴사고, 원자력발전소 폭발사고나 방
사능 누출 등도 과학기술이 발전하면서 나타난 새로운 위험들이다.

그리고 이러한 위험들은 과학기술이라는 기반 위에 세워진 현대사
회에서 일상적으로 나타날 수 있는 위험이며, 언제 어디서나 반복적으
로 재연될 수 있는 위험들이다.

이쯤 되면, 현대사회에서 살아가고 있는 우리들은 각종 위험들과 동
거하면서 살아가는 존재들이라고 말할 만하다. 그럼에도 사람들은 일
상적인 위험이 존재한다는 사실에 매우 무감각하다. 왜냐하면 현대사
회는 위험 속에 편안이 존재하는 사회이며, 사람들은 어느 순간 편안
과 안락함에 길들여졌기 때문인지도 모른다. 지금 우리에게 필요한 것
은 과학기술에 의해 세워진 현재의 사회와 삶이 최소한 유토피아는 아
니라는 것을 깨닫는 것이다. 과학기술의 본질을 깨닫고, 올바르게 이
해할 수 있는 개인적, 사회적 노력이 필요할 때이다.

위험은 운이나 재수?

보통 우리는 어떤 좋지 않은 일을 당했을 때, 위로의 말을 한답시고 "그냥 운이 없었다고 생각해"라고 말하는 경우가 종종 있다. "죽은 사람만 불쌍하지"라는 이러한 자조적 한탄은 어떻게 보면, 인간의 나약함을 보여주는 것일지도 모른다.

삼풍백화점이 붕괴되었을 때도, 대구지하철방화사건으로 많은 사람들이 죽었을 때도 사람들은 뉴스를 보면서 그들의 죽음에 대해 안타까워하면서도 한편으로는 그때 그 시간과 그 장소에 자신이 없었다는 사실에 대해 안도한다.

평상시 서울에 거주하면서 삼풍백화점을 자주 가거나 대구에서 출퇴근 수단으로, 혹은 이동 수단으로 지하철을 자주 이용하는 사람들의 경우에는 그 사고 순간에 자신이 거기에 없었음을 얼마나 다행스럽게 생각하겠는가?

흔히 얘기하는 것처럼, "정말 재수 없었으면 그 자리에 내가 있었을 수도 있었어! 운이 좋았다고 해야 하나?"라는 얘기가 나올 법하다. 어떻게 보면, 우리는 재수가 좋았다거나 운이 좋았다는 말을 입에 달고 산다.

어떤 위험스러운 상황에서 벗어나면, 재수나 운이 좋은 것으로 해석해버리는 것이다.

필자도 정말 아찔한 순간이 있었고, 지금 그때를 생각해보면, 나도 모르게 운이 정말 좋았다는 생각을 자연스럽게 하게 된다. 당시가 언제인지 자세히는 기억나지 않지만, 아마도 필자가 대학원 석사과정 1

차인가 혹은 2차 때의 일인 것 같다.

당시에 한국언론학회 정기학술대회 (한국언론학회는 1년에 두 번 세미나를 하는데, 봄철과 가을철에 각 1회씩 전국의 신문방송 관련 학과 교수들이나 연구원들, 기타 전공자들이 모여 세미나를 한다. 언론학회에서 매우 중요한 행사 중 하나라고 볼 수 있다) 가 광주에 있는 조선대학교에서 열렸는데, 필자 역시 그 학술대회에 참여하러 가고 있는 중이었다.

당시 필자의 집이 광주였기에 정기학술대회 전날 광주로 내려가 하루를 쉬고, 누나에게 차를 빌려 조선대학교로 가고 있는 중이었다. 당시 차가 예상치도 못하게 밀리는 바람에 기다리고 있을 선배들 (선배들에 대한 예의라기보다는 당시 선배들이 무서웠다) 을 생각하니 조급한 마음이 앞서있는 상태였다.

당시 운전하고 있던 대로가 편도 4차선이었기에 나는 2차선으로 가고 있었는데, 전방 건널목 신호등이 파란불이라 신호가 바뀌기 전에 통과하려는 요량으로 속도를 내고 있는 중이었다.

그런데 갑자기 전방 신호등이 황색불로 바뀌고, 순간 빠르게 통과해야 할지 멈추어야 할지 고민하였고, 약간의 시차가 있다고 판단한 나는 빨간불이 들어왔음에도 그냥 통과하자는 마음에 속도를 더 내었다. 그때 3차선과 4차선에는 버스 한대가 빨간 신호등이라 건널목 바로 앞에서 대기하고 있는 상태였기에 나의 시선은 버스로 인해 도로 위 사람들의 움직임을 볼 수 없는 상황이었다.

다행이도 그때 건널목을 무사통과할 수 있었는데, 불현듯 어떤 사람이 급한 마음에 파란불이 들어오자마자 건널목 위를 뛰어나왔다면 어떻게 됐을까 하는 생각이 드는 순간 나도 모르게 등에서 식은땀이 흘러내리기 시작했다.

만약 당시에 건널목을 뛰어 건너는 사람이 있었다면, 나의 시야가 버스에 가려져 있는 상황이었기에 분명히 인명사고로 이어졌을지도 모른다. 그때를 생각하면 지금도 오싹한 마음이 들고, 하늘이 도왔다는 생각을 지울 수 없다. 그때 나의 잘못으로 사고가 발생했다면, 아마도 지금의 나는 없었을 것이고, 지금 이렇게 열심히 책을 쓰고 있지도 못했을 것이다.

그때 이후로 나는 운전을 할 때, 욕심을 부리려고 하지 않는다. 그리고 가능하면 대중교통을 이용하려고 한다. 그때 나의 잘못된 판단과 어리석은 행동으로 누군가가 다치거나 목숨을 잃었다면, 나는 아마 살아갈 수 없었을 것이다.

정말 천우신조(天佑神助)라고 할 수 있었다. 어떠한 형태의 위험이든 그 위험상황에서 벗어날 수 있다는 것 자체를 운이나 재수로 돌려도 그렇게 틀린 말은 아니다. 하지만 우리 모두에게 언제나 똑같이 운이나 재수가 좋을까? 단연코 아닐 것이다.

내가 경험했던 상황이 독자들이나 또는 누군가에게 똑같이 발생할 수도 있다. 그리고 그때의 결과가 나처럼 운이나 재수가 좋다고 말할 만큼 별 탈 없이 넘어갈 것이라고 장담할 수 있을까?

동일한 위험이라도 항상 운이나 재수를 바랄 수만은 없다. 누군가에게는 무사히 넘어간 위험이 또 다른 누군가에게는 사고나 인명피해로 이어질 수 있기 때문이다. 그리고 그 사고나 인명피해 명단에 독자 자신이나 가족, 지인의 이름이 포함되어 있을 수도 있다. 이래도 위험을 운이나 재수로 치부할 수 있을까? 따라서 위험에 대해 "나에게는 발생하지 않을 것이다"가 아닌 "나에게도 발생할 수 있다"는 인식의 전환이 필요하다.

위험할수록 부자 된다? "부자 되세요~"

2001년 IMF 시대를 막 벗어나던 시기, 00 카드의 한 광고가 소비자의 눈길을 사로잡은 적이 있다. 그때 광고 속 여자탤런트의 멘트가 커다란 화제를 나았고, 사회적으로 커다란 유행이 되기도 하였다. 그 광고에 나오는 여자탤런트는 김정은이었는데, 이런 메시지를 전달한다.

"여러분~, 여러분~ 부자 되세요"

그때 당시만 하더라도 IMF를 막 벗어났지만, 그 여파가 여전히 남아 있던 시기라서 많은 사람들이 경제적인 어려움 속에 있었다. 그러한 상황에서 00 카드 광고 하나가 사람들에게 커다란 희망을 주리라고는 전혀 생각지도 못했다 (엄밀히 말하자면, 여자탤런트의 멘트였다).

어려운 시기에 '부자 되세요'라는 메시지는 묘하게 힘을 주었다. 어떻게 보면, 부자는 모든 사람의 꿈일지도 모른다. 사회가 어지럽고 힘들수록 사람들은 부자가 되는 것에 목말라하며, 복권이라도 당첨되었으면 하는 꿈을 꾼다.

필자 역시 복권을 그렇게 자주 사는 편은 아니지만, 간혹 생각날 때마다 로또를 사고, 두 달이고 석 달이고 그 당첨 확인을 하지 않고, 지갑 속에 고이 모셔둔다 (?). 그 이유는 꿈과 희망이 생기기 때문이다. 아마도 독자 여러분들은 로또에 당첨되면, 그 돈으로 무엇을, 어떻게 할 것인지, 세부적인 계획을 세우기도 할 것이다. 즐거운 상상 말이다.

아마도 사람은 꿈과 희망을 먹고 사는 동물인가보다. 부자가 되는 상상은 언제나 즐겁다. 우스갯소리로 대한민국이 돈만 많이 있으며,

전 세계에서 가장 살기 좋은 나라라는 말을 많이 듣는다.

이 말은 물질만능주의에 빠진 대한민국의 현 주소를 얘기하는 듯 씁쓸한 말이면서도, 또 다른 한편으론 사람들의 '부자'가 되고 싶어 하는 욕망과 환상을 보여주는 말이기도 하다.

과거에는 열심히 일하고, 노력하면 모두 부자가 될 수 있다는 말에 많은 사람들이 공감하였다. 그러나 현재의 대한민국 사회에서는 모두가 열심히 일하고 노력만 하면 부자가 될 수 있다는 말에 코웃음을 친다.

필자가 오랜만에 친구를 만나 모던 바(Modern Bar)에서 가볍게 술을 한잔하면서 이런 저런 얘기를 하고 있을 때였다 (모던 바라고 해서 독자들은 거창하게 생각하지 않았으면 하는 마음이다. 필자는 가난한 사람이라 그냥 병맥주 한잔 마셨다. 그것도 국산으로).

마침 친구가 급한 전화가 와서 잠시 통화하려 나간 사이에 나는 옆 테이블에 앉아 있는 남성 두 명의 대화를 우연히 듣게 되었다. 대화의 요지는 없는 사람들은 죽어라 일 해도 거기서 거긴데, 있는 사람들, 소위 부자라는 사람은 가만히 앉아 있어도 돈이 굴러 온다는 것이 주요 요지였다 (물론 X 같은 사회, 에이 삐리리~~하는 욕설이 중간에 섞이기도 하였다).

그러면서 한 남자가 했던 말이 너무나 기억에 남는다. 공감이 가는 말이라서 그럴지도 모른다.

"나도 원 없이 돈 한번 써봤으면 좋겠다."

그래서 부자가 아닌 평범한 사람들은 흔히 '한방'을 애기하는 것인지도 모르겠다. 로또든 주식이든, 아니면 그 무엇이든 한방만 터트리면 좋겠다는 심리이리라. 전문적, 학술적 용어는 아니지만, 이를 편의상 "대박 심리"라고 부르자.

이러한 대박 심리는 이성보다는 감성이 작용할 때, 그리고 사람의 배움 정도나 성격과는 상관없이 곤궁에 처 할수록 대박 아이템이라는 유혹에 쉽게 빠져 든다.[5] 대박심리는 모험과 떼래야 뗄 수 없는 관계이다.

모험을 하지 않으면, 대박도 없고, 위험한 모험일수록 그 대가는 크다고 생각하기 때문이다. 그래서 "모 아니면 도", 혹은 "대박 아니면 쪽박"이라는 말이 있는 것인지도 모르겠다.

물론 인간이라는 존재는 새로운 감동과 도전을 통해 끊임없이 뭔가를 이루려고 하는 욕구를 가진다. 판에 박힌 틀에서 벗어나 새로운 것을 찾거나 경험하고자 하는 욕망[6]이 행동으로 이끌고, 보다 더 큰 감동으로 이어질 수 있을 것이라는 기대감이 작용한 결과일 것이다.

어쩌면 새로운 것을 경험해보고 싶은 인간의 욕망이 지금보다 인간을 한 단계 성장시키는 요인일지도 모르겠다. 하지만 사람들이 착각하는 것이 있다. 사람들의 한방을 위한 대박 심리는 상당한 위험성을 내포한다.

우리는 대박 아이템에 속아 사기를 당한 사람들을 주변에서 수 없이 목격한다. 사기를 친 사람들은 대박이라는 위험성을 '부(富)'라는 이름

---

5) 김영헌(2014). 잘 속는 사람의 심리코드. 서울: 웅진서가.
6) 듀에인 슐츠 저, 이혜성 옮김(2007). 성장심리학: 건강한 성격의 모형. 서울: 이화여자대학교 출판문화원.

으로 포장하고 왜곡한다.

예컨대, 위험을 명예나 부를 얻을 수 있는 '기회'로 포장하는 것이다. 그래서 사기꾼들의 "부자 되세요"라는 대박심리 조장은 "당신 돈은 내 돈입니다"라는 의미의 다름 아니다. 그래서 "위험할수록 부자 된다"는 대박심리 조장은 "위험할수록 쪽박 찬다"가 맞는 말이다.

4. 손으로 위험 가리기

눈에 보이는 것이 전부가 아니다

위험과 관련된 연구 분야에서 오랫동안 관심을 가지고 연구해 온 분야 중 하나는 바로 위험이 어떤 상황과 조건에서 발생하는지에 대한 것이었다.

위험이라는 주제는 매우 광범위하다. 일상생활에서 발생하는 위험부터 자연재해 위험, 대기오염에 의해 발생하는 위험, 각종 기술적 위험, 사이버 보안 위험 등 수 많은 위험이 우리사회에 존재하고, 사회 속에서 살아가는 사람들은 이러한 위험에 필연적으로 노출되어 있다.

이런 이유로 우리는 모두 잠재적인 위험(피해) 대상자들인 것이다. 모든 위험에는 분명히 발생 원인이 존재한다. 자연발생적이든, 혹은 어떤 오류에 기인한 것이든 말이다.

예를 들어 가뭄이나 홍수, 태풍, 지진 등은 인간의 어떤 행동에 의해 나타난 결과(무분별한 자연개발과 파괴 등) 라고 보기에는 다소 무리가 따른다. 그렇다고 전혀 무관하지 않다고 볼 수도 없다. 지구온난화(Global Warming)의 경우에는 자연을 지배하려는 인간의 거침없는 욕망과 산업화에 기인한다.

즉, 산업혁명 이후에 인간은 사회경제적 활동을 지속적으로 해왔고, 그 과정에서 에너지는 사회경제적 활동을 유지하고, 삶의 편리성을 높일 수 있는 매우 중요한 요소가 되었다.

에너지를 쉽게 얻기 위한 방법이 바로 자연에서 화석연료를 얻는 것인데, 화석연료를 이용할 경우에 이산화탄소나 메탄가스, 아산화질소 등의 온실가스가 공기 중에 배출된다 (국제기구협의회에서는 이산화탄소-CO_2, 메탄-CH_4, 아산화질소-N_2O, 수소화불화탄소-HFCs, 과불화탄소-PFCs, 육불화황-SF_6을 6대 온실가스 주범으로 지정한 바 있다. 이러한 온실가스의 주범들은 우리들의 일상생활이나 사회적, 경제적 활동에서 발생하는데, 이산화탄소는 주로 석유나 석탄의 연소에 의해 배출되며, 메탄은 음식물 쓰레기나 폐기물, 가축의 배설물 등에 의해 발생한다. 그리고 과불화탄소나 수소화불화탄소, 육불화황은 냉매-냉장고나 에어컨 등-, 반도체 공정, 변압기 등에서 주로 발생한다).

그리고 공기 중에 배출된 온실가스는 지구 밖으로 방출되는 복사열을 감소, 또는 차단시킴으로써 지구가 뜨거워지고, 지구의 온도가 올라가는, 이른바 지구온난화현상을 유발하는 것이다 (지구가 뜨거워지면, 당연히 북극의 빙하가 녹아 해수면 온도가 높아질 것이고, 그렇게 되면, 지구에 존재하는 대부분의 땅은 물에 잠기게 될 것이다. 이외에 폭염이나 이상 한파, 사막화 등도 지구온난화에 의해 발생하기도 한다).

이처럼 이상 기후변화나 지구온난화와 같은 위험은 인간의 행동에 의해 나타난 결과이기도 하다. 또한 오류는 우리사회에서 비일비재하게 존재한다. 사람에 의한 오류이든 기술적 오류이든 수많은 오류가 존재하고, 이러한 오류에 의한 문제를 최소화하기 위해서 인간은 끊임없이 테스트를 하고, 수정하는 작업을 반복적으로 수행한다.

예를 들어 어떤 기술을 개발하고, 그 기술을 사회에 내놓기 전에 테스트(test) 라는 것을 하게 되는데, 이 과정은 예상치 못한 오류를 찾아내는 과정이자 수정을 위해 반드시 거쳐야 하는 과정이기도 하다.

이와 같이 위험은 자연발생적이든, 어떤 오류에 의해서든 발생한다. 그런데 위험 발생의 대부분을 차지하는 주요 원인은 바로 인간이다. 즉, 인간의 나태함과 태만, 부주의와 무사안일주의가 바로 그것이다. 이들 요소들이 인간 스스로를 위험에 빠뜨리는 원인인 것이다.

이미 우리는 대한민국 사회에서 굵직굵직한 사건사고들이 모두 인간의 태만이나 부주의에서 발생하였음을 확인하였다. 이러한 요인들은 위험발생을 사전에 막거나 최소화할 수 있는 필수적인 행위들을 요식행위로 만든다.

결국, 위험이라는 것은 인간의 문제로 귀결된다. 눈에 보이는 식의 대처나 관리소홀, 대충 대충하면 된다는 인간의 나태함이 위험을 초래하는 원인으로 작용하는 것이다. 모든 위험의 발생에는 그 전조가 있다. 그리고 첫 번째 전조는 결국 인간의 나태와 자만인 셈이다.

위험은 대물림 된다

현대사회에서 위험은 어느 한 세대나 시대를 막론하고 다음의 세대로 대물림된다. 대표적인 예로, 환경위험을 들 수 있는데, 산업폐기물이나 의료폐기물(방사선 치료용 장갑이나 의료도구 등), 기후변화 등은 그 해(害)가 사람들에게 바로 나타나는 것이 아니라 오래 시간을 두고 천천히 나타나기 때문에 현재를 살아가는 사람들보다 미래를 살아가야 할 후손들에게 발생한다.

또 다른 예를 들어보자, 대표적인 것이 유전자변형식품(Genetically Modified Organism. GMO)이다.

유전자변형식품은 높은 경제적 가치를 지닌다. 유전자 변형을 통해 좋은 형질만으로 이루어진 농산물을 대량생산하여 식품화 할 수 있기 때문이다. 이를 통해 불안한 미래의 식량수급 문제를 해결할 수도 있다 (아프리카 지역은 고질적으로 빈곤과 가난, 그리고 불안정한 식량수급으로 인한 기아문제가 빈번하게 발생하는 지역이다. 유전자변형 농작물은 다양한 병충해에 강하고, 다른 농작물에 비해 성장 속도도 빠르며, 열매도 많이 열릴 뿐 아니라 열매 크기 역시 기존의 농작물보다 크기 때문에 대량생산이 가능하다. 따라서 유전자변형 농작물을 아프리카 지역에 공급하면, 수십 년을 괴롭혀 온 아프리카의 기아문제를 해결하는 것은 일도 아닐 것이다. 실제로 유전자변형식품 개발 및 생산업체인 어느 한 다국적 기업이 아프리카에 유전자변형 농작물을 무료로 공급한 적이 있으나, 안전성 문제가 명확하게 밝혀지지 않은 상황에서 아프리카 지역 사람들을 실험대상으로 삼았다는 비판이 제기되면서 결국, 유전자변형 농산물의 아프리카 지역 공급을 중단한 바 있다).

그러나 유전자변형식품은 인체에 미치는 영향이 명확하게 밝혀진 바 없기 때문에 안전성 문제가 주요 논란거리로 작용한다.

물론 일부 유전자학자들이나 기업의 경우에 유전자변형식품의 안전성에 아무런 문제가 없다고 주장하고 있지만, 우리의 인체에 당장은 아니더라도 장기간 섭취했을 때, 인체에 어떤 심각한 문제를 유발할지 아무도 모른다 (우리나라에서도 유전자변형식품에 대한 안전성 문제는 커다란 논쟁거리다. 1990년대 중반 이후부터 세계적으로 유전자변형 콩이나 옥수수가 본격적으로 상업화되었는데, 우리나라에서도 유전자변형 곡물인 콩과 옥수수가 수입되었다. 유전자변형 콩은 대부분 식용유-콩기름-로, 옥수수는 감미료의 일종인 전분당의 주된 원료가 되고 있다. 이외에도 유전자변형 곡물은 빵이나 과자 등의 원료로도 이용되고 있다. 국내 대다수의 소비자들은 자신이 먹는 식용유나 빵, 과자 등이 유전자변형 곡물을 원료로 만들어졌다는 사실을 잘 모르고 있으며, 대다수의 식품업체 역시 유전자변형 곡물이 원료로 사용되었음을 제대로 표시하지 않고 있다).

특히나 유전자변형식품에 대한 위험성 문제가 어느 한 연구팀에 의해 구체화되면서 그 논란은 더욱 커지고 있다. 프랑스의 생물학자이자 칸 대학의 교수인 세라리니(Gilles-Eric Séralini)가 이끄는 연구팀은 2년 동안 200마리의 쥐를 상대로 유전자변형의 유해성 연구를 수행하였다.

이 연구팀은 쥐를 3개 그룹으로 나누어 각 그룹에 11%, 22%, 33%으 유전자변형 농작물이 섞인 먹이를 공급하였다. 그 결과 3/4에 해당하는 쥐가 종양에 걸렸고, 일부 쥐에게서 나타난 종양의 크기는 탁구 공만 했으며, 그 무게는 쥐의 몸무게 25%에 달하였다.[7]

하지만 이 실험은 유럽식품안전청으로부터 암수 각각 50마리 이상의 충분한 개체 수 확보가 지켜지지 않았고, 실험과정에서도 OECD 가이드라인을 따르지 않았으며, 실험의 프로토콜이 잘못됐다는 비판을 받았다 (한국식약처도 유럽식품안전청과 같은 의견을 내었다).

지금도 유전자변형식품에 대한 안전성 논란은 계속되고 있는 중이며, 유전자변형식품의 안전성에 대해서 확신할 수는 없지만, 그렇다고 위험성 역시 확인된 바 없다는 양측의 갈등의 지속되고 있다. 이처럼 유전자변형식품의 경우에 당장의 문제는 아니라고 할지라도 장기간에 걸쳐 섭취하였을 경우에 자신은 물론 자녀나 기타 후손에게 어떤 심각한 문제를 유발할지 아무도 속단할 수 없다. 이는 유전자변형식품만이 아니다.

환경오염도 당장에 인간에게 미치는 영향이 미미할지라도 그 해(害)는 고스란히 후손에게 돌아갈 수 있다는 점에서 현대사회의 위험은 후손에게 대물림되는 특성을 보인다.

---

7) 조항민(2016). 융복합기술로서 GMO에 관한 보도경향 연구: 1994-2015년까지 국내 주요일간지 기사분석을 중심으로. 디지털융복합연구, 14(12), 267-281.

아이러니한 위험, 위험의 원인이자 해결의 원천

울리히 벡(Ulrich Beck)을 위시한 많은 학자들은 현대사회를 위험사회라고 규정한다. 그리고 독자들은 이 사회가 왜 위험사회인지에 대해 상당한 의구심을 가질 것이다. '위험사회'라는 용어는 상당히 관념적인 용어이면서도 추상적인 개념이다. 그렇기에 지금 이 글을 읽고 있는 독자들은 아마도 위험사회라는 용어가 쉽게 와 닿지 않을 것이며, 명확하게 이해되지도 않을 것이다.

하지만 우리가 살아가는 이 세계가 위험사회이고, 우리는 위험사회에서 살아가는 존재들이기에 반드시 위험사회라는 개념에 대해 이해할 필요가 있다.

현대사회에서 위험은 과학기술과 매우 밀접한 관련이 있다. 우리 주변을 둘러싼 것을 보면, 과학기술과 연관되지 않은 것이 없다. 지하철이나 항공기, 건물 등은 모두 찬란한 과학기술의 산물들이다. 그러므로 현대사회에서 위험이라는 것은 인간이 만들어 낸 과학기술과 이를 가능하게 하는 제도에 의해 발생한다. 이에 따라 현대사회에서 위험은 그 자체가 우연적으로 발생하거나 자연발생적인 것이 아니라 과학기술이라는 인위적 산물 위에 만들어지고 구성된다.

현대사회에서 위험은 위험을 생산하고 통제하는 사회제도의 문제로 귀결된다. 위험이 사회제도의 문제라고 단언하는 이유는 인류가 지금처럼 눈부신 발전을 해온 바탕에는 과학기술이 있었기 때문이다. 과학기술이 없었다면, 우리의 사회는 지금과 같은 문명의 발전을 이룩하지 못했을 것이다. 따라서 과학기술은 인류의 발전과 생존을 위해 반드시 발전시켜야 하는 동력이기에 제도적으로 과학기술의 개발과 발전을 보장하여 왔다.

하지만 과학기술에 대한 이러한 제도적 보장은 근대화 과정을 거치면서 새로운 위험의 양산을 제도적으로 보장하는 꼴이 되어버렸다.

즉, 과학기술과 산업의 발전 과정에서 비의도적으로 파생된 위험들이 등장하기 시작한 것이다. 예를 들면, 지구온난화나 미세먼지, 핵전쟁 위험, 변종바이러스나 감염병 등이 그 예이다. 역설적으로 위험은 산업화의 실패가 아니라 성공이 낳은 결과인 셈이다. 이에 따라 위험이 근대화의 성공과정에서 수반된 인위적 위험이라는 사실은 위험을 관리하고 통제하는 사회제도의 정당성에 큰 위협이 된다.

예컨대, 과학기술은 인류에게 물질적 풍요와 편리를 가져다주는 강력한 원천이라는 것에 의해 정당이 확보되어 왔고, 그에 따라 과학과 신뢰에 기초한 과학기술 전문가주의가 정당성을 얻을 수 있었다. 그러나 과학기술의 발전으로부터 파생된 예상치 못한 다양한 위험들은 과학기술의 정당성을 위협하고 있다. 결국 과학기술은 문제 해결을 위한 원천이면서도, 문제의 원인으로 간주되고 있는 것이다. 또한 태풍이나 홍수와 같은 자연재해, 도시의 오물로 인한 주변 환경오염 등은 사람들의 시각이나 청각, 후각 등의 감각기관을 통해 분명히 감지된다. 하지만 방사능이나 식품에 첨가된 오염물질 등은 인간의 감각기관에 잘 감지되지 않으며, 그에 따른 효과도 즉각적으로 나타나지 않는다. 뿐만 아니라 체르노빌을 예로 들어보자. 구소련의 체르노빌 원전사고로 인해 방사능 낙진이 저 멀리 떨어진 북유럽의 대기와 토양을 오염시킬 때, 그것을 감지한 것은 사람의 감각기관이 아닌 과학자들의 전문지식

과 과학기술의 산물인 방사능 측정도구였다.[8]

   정말 아이러니한(이율배반적인, 모순적인) 일이 아닐 수 없다. 과학기술에 의해 촉발된 위험을 감지하기 위해 과학기술에 의존해야 한다는 것 자체가 말이다.

---

8) 박희제(2014). 위험사회에서 세계시민주의로: 울리히 벡의 (기술)위험 거버넌스 전망과 한국의 사회학. 사회사상과 문화, 30, 83-120.

위험 패러독스

1. 위험에는 눈이 없다

위험의 보편성: 위험은 대상을 가리지 않는다

현대사회에서 위험은 우리가 살아가고 있는 이곳, 즉 사회 내에 편재되어 있다가 어느 순간 발현되어 나타난다.

산업사회에서 위험은 기술적, 경제적 영역 내에서 충분히 통제 가능하다고 믿었던 시절이 있었으나, 위험사회로 규정된 현대사회에서 위험은 이미 사회 안에 깊숙하게 뿌리를 내리고 있기에 이제는 위험 자체를 통제할 수 없는 불능의 상태가 되었다.

그래서 위험은 대상을 가리지 않는 보편성을 띤다. 누구에게만 한정해서 발생하는 것이 아니라 현대사회를 살아가는 사람이면 누구나 위험의 대상이 된다 (위험은 시대나 사회에서 다양하게 존재해 왔고, 그래서 인류의 역사는 위험으로부터 벗어나기 위한 투쟁의 역사이기도 하다. 또한 투쟁의 역사라는 것은 곧 위험을 극복하기 위한 역사이기도 하다. 이처럼 위험의 아이러니한 면은 인류의 역사 속에서도 존재한다).

그리고 위험의 보편성은 지구화의 경향에 따라 어느 특정지역의 지엽적 문제가 아닌 전 세계의 문제로 확대된다.

가령, 1986년 4월 26일 새벽에 구소련의 체르노빌 (현재 우크라이나와 벨라루스 국경 근처에 있는 지역으로 체르노빌 원자력발전소 폭발사고는 인류 최악의 참사 중 하나로 기록되고 있다) 원자력발전소가 폭발하면서 대량의 방사능이 유출되었고, 방사능 오염물이 대기 중에 퍼지기 시작하였다.

사고 난 당시만 하더라도 구소련정부는 원자력발전소의 폭발사고를 철저하게 비밀에 부쳤기에 당시 미국을 위시한 유럽은 원자력발전소의 폭발사고를 전혀 인지하지 못하고 있었다.

그러다가 사고가 발생한 당일 아침에 사고가 발생했던 사고지점으로부터 약 1,200km 떨어진 스웨덴의 포스막 원자력발전소에 출근한 과학자의 의복에서 포스막 발전소에서는 발견된 전례가 없는 방사능이 검출되었다.

이후 4월 27일과 28일 양일에 걸쳐 정상 수준보다 6배 이상이나 높은 방사능이 스웨덴 지역뿐만 아니라 핀란드, 그리고 스칸디나비아 반도의 여러 지역과 덴마크에서 검출되면서 스웨덴 정부는 대기 상황을 고려, 이 물질이 구소련에서 날아온 것으로 추측하고, 구소련 정부에 해명을 요구했고, 구소련 정부는 관영 통신사를 통해 체르노빌 원자력발전소에서 폭발사고가 발생하였다는 사실을 인정하였다 (스웨덴 정부의 보고서에 따르면, 체르노빌 원자력발전소 폭발사고의 직간접적 영향으로 인해 약 25,000여 명이 사망한 것으로 추정되고 있다).

체르노빌 원자력발전소의 폭발사고로 인해 누출된 방사성 물질은 이후에도 대기권으로 방출되어 사고가 일어난 몇 칠 동안 북반구 전역을 떠돌았으며, 대기원에서 지상으로 떨어지면서 지구생태계를 오염시켰다.

일본의 후쿠시마 원자력발전소 폭발사고 역시 마찬가지다. 후쿠시마 원자력발전소 폭발사고는 비단 일본만의 문제가 아닌 인접국, 나아가 전 세계의 문제로 확대된다.

폭발사고의 여파로 방사능 낙진이 대기의 흐름을 타고 전 세계로 퍼

짐으로써 사람들은 인식하지도 못하는 사이에, 그리고 자신의 의지와는 무관하게 방사능에 피폭될 수 있다. 비단 이 뿐만 아니다. 후쿠시마 원자력발전소 폭발사고로 인한 오염수가 바다로 방수되면서 심각한 해양 오염을 유발하고 있다.

후쿠시마 원자력발전소 폭발사고 이후, 우리나라의 많은 사람들이 수입 고등어나 명태 등을 먹지 않으려는 기현상이 벌어지기도 하였다 (지금도 많은 사람들이 수입산 고등어나 명태는 먹지 않으려고 한다).

이는 후쿠시마 원자력발전소의 방사능 오염수가 지속적으로 바다에 흘러들어가면서 그 지역에서 잡힌 고등어나 명태가 수입되는 것이 아닌지에 대한 불안이 가중되어 나타난 결과이다 (실제로 우리나라에 수입되는 명태의 약 97%는 러시아 산이지만, 러시아 해역과 일본의 해역이 서로 인접해 있어 그 불안감은 쉽게 가시지 않다). 이웃국가의 문제로 인해 왜 우리가 위험을 떠안아야 하는가? 이러한 물음의 해답은 위험의 보편성에서 찾아야 한다.

요즘 우리나라에서 심각한 환경오염으로 떠오르고 있는 것이 중국에서 날아오는 미세먼지이다. 하루가 멀다 하고 우리나라 하늘은 황사와 미세먼지로 인해 항상 뿌옇다.

이제는 아침 출근길에 '마스크'를 쓰고 다니는 사람들을 보는 것은 흔한 일상적 풍경이다. 2017년 3월 국제적으로 저명한 학술지 <네이처>는 중국 발(發) 초미세먼지 영향으로 2007년 한국과 일본 등 동아시아 지역의 조기 사망자 수가 30,900명에 달한다는 충격적 연구결과를 발표한 적이 있다.[9] 초미세먼지와 조기 사망률의 상관관계를 밝혀

---

9) 조선비즈(2017.04.13.). 미세먼지 10년 대계 만들자: 마스크, 외출자제? 초라한 대응 수칙은 문제

낸 것이다.

하지만 더욱 우려스러운 문제는 미세먼지에 대한 대응 수칙이 현재로서는 마스크 착용 이외에는 없다는 사실이다 (기껏해야 미세먼지가 심하니 마스크를 착용하라거나 환자 및 노약자들은 외출을 자제하라는 권고가 고작이다).

미세먼지라는 위험성은 이제 국가 간, 지역 간 경계를 넘어서고 있는 보편적 위험으로 부상하고 있다.

이처럼 원자력발전소 폭발사고로 인한 방사성 오염물질이나 미세먼지는 위험의 보편성이라는 특성 하에서 우리와는 전혀 상관없는 위험이 아닌 우리와 높은 상관이 있는 위험으로 변모하고 있다. 위험의 보편성 아래서 어느 누구도 '나와는 상관없어'라고 자신 있게 애기할 수 있는 사람은 없다.

이제 위험은 어느 한 개인이나 사회, 국가의 문제가 아니라 전 세계의 문제가 되고 있으며, 지리적으로 떨어져 있다는 점이 "위험으로부터 벗어나 있다"는 것을 의미하지 않음을 깨달아야 한다.

있다.

위험은 계층을 구분하지 않아: 부자라고 피해갈 수 있을 소냐?

체르노빌이나 후쿠시마의 원전사고, 미세먼지 (미세먼지가 왜 과학기술에 의해 촉발된 위험이라고 묻는다면, 미세먼지는 석탄이나 석유 등의 석유연료를 태울 때나 공장이나 자동차의 배출가스, 건설현장 또는 소각장 연기 등에서도 발생한다. 이러한 미세먼지는 눈에 보이지 않을 만큼 매우 작기 때문에 대기 중에 머물러 있다가 호흡기를 거쳐 폐 등에 침투하거나 혈관을 따라 체내로 이동하여 들어가 건강에 나쁜 영향을 미칠 가능성이 높다) 등은 과학기술에 의해 촉발된 위험이 어떻게 지역적 단위에서 세계적 단위로 확대되는지를 보여주는 전형적 사례이다.

위험의 확대는 비단 위의 사례에 국한되지 않는다. 감염병은 어떤가? 전 세계를 공포에 몰아넣었던 신종인플루엔자, 일명 신종플루도 첨단 과학기술의 총아인 항공기를 통해 빠르게 전파되었다. 그래서 전 세계의 주요 대도시를 거미줄처럼 촘촘하게 연결한 항공망은 그 자체적으로 바이러스나 감염병에 매우 취약하다. 전 세계를 연결하는 항공망에는 허브(Hub)라는 것이 존재한다. 이를 허브공항이라고 하는데, 사람이 이동하기 위해서는 반드시 거쳐야 하는 환승 거점이라고 볼 수 있다.

따라서 많은 사람들뿐만 아니라 물류 역시 허브공항에 모여 들게 되며, 허브공항을 거치게 되면, 전 세계의 어디라도 매우 빠른 시간에 이동할 수 있다 (주요 허브공항으로는 독일의 프랑크푸르트 국제공항, 영국의 히드로 국제공항, 한국의 인천국제공항, 일본의 나리타 국제공항, 미국의 존 F. 케네디 국제공항 등이 있다).

신종플루 역시 보균자 혹은 감염자들이 허브공항을 통해 전 세계로 빠르게 퍼져나갔기에 그 어떤 감염병보다 확산 속도가 매우 빨랐다. 오죽했으면, 당시 세계보건기구(WHO)는 "신종플루의 확산속도가 역대 최고의 속도로 확산되고 있어 발병 건수를 세는 것 자체가 무의미한 일이다"라고 밝히기도 하였다 (과거 '대유행'이 선언되었던 인플루엔자 바이러스가 6개월 이상 걸려 확산된 범위를 신종플루는 채 6주도 안 되는 기간에 채워버렸다).

이처럼 원전사고나 미세먼지, 신종플루 등 과학기술에 의해 촉발되거나 그 확산이 빠르게 이루어진 위험들은 대상을 가리지도 않으며, 가난한 사람들뿐만 아니라 권력자, 부유한 사람들을 가리지 않고 모든 사람들에게 영향을 미친다. 심지어는 아직 태어나지 않은 우리의 후세 세대들에게까지 영향을 미치기도 한다 (대표적으로 원전사고에 의한 방사성 오염물).

어디 이들 뿐인가? 산성비로 인해 황폐화된 숲이나 방사능 낙진, 아직 우리가 잘 알지 못하는 각종 유해물질 등은 과학기술환경이 낳은 위험들이다.10)

"빈곤은 위계적이지만, 스모그는 민주적"11)이라는 말이 있다. 이 말은 과거 위험이라는 것은 경제적 궁핍으로 인한 굶주림이나 아사 등이 부자와 빈자라는 계층적/계급적 차별성을 가졌으나, 오늘날 과학기술

---

10) 박희제(2014). 위험사회에서 세계시민주의로: 올리히 벡의 (기술)위험 거버넌스 전망과 한국의 사회학. 사회사상과 문화, 30, 83-120.

11) Beck, U. (1992). Risk society: Toward a new modernity. Thousand Oak, CA: Sage., 홍성태 역 (1997). 위험사회: 새로운 근대(성)를 향하여. 경기도: 새물결.

환경 속에서의 위험은 계급적으로 분배되는 것이 아니라 '스모그'처럼 모든 사회 구성원이 공유하고, 그러한 위험 앞에는 모두가 평등하다는 의미이다.

가령, 언제 발생할지 모르는 핵전쟁이나 지구온난화 등은 전 세계적인 위험이기에 개별 국가의 노력으로는 해결될 수 없는 위험이며, 이들 위험 앞에 부자와 빈자는 아무런 의미가 없다. 그래서 현대 과학기술환경의 위험은 계급적(부자와 빈자, 권력자와 피권력자 등)이지 않으며, 차별적이지도 않고, 예외는 있을 수 없는 일상 속에 존재하는 위험인 것이다.

위험노출과 국가적 불평등

위험은 누구에게나 공평하게 분배된다. 방사능이나 황사, 미세먼지, 각종 공해 등에서 자유로울 수 없다. 그런데 위험에 대한 노출이나 대처능력은 집단에 따라, 사회에 따라, 심지어 국가에 따라 다르게 나타날 수 있다.

위험'이라는 것을 놓고 보면, 그 앞에서 모두가 평등할 수밖에 없으나, 위험 노출이나 대처능력이라는 문제를 따지게 되면 얘기는 달라진다.

가령, 강 상류의 부유한 국가와 강 하류의 가난한 국가를 예로 들어 보자. 각종 산업의 발달로 부유해진 국가들은 위험생산국이지만, 그와 동시에 강물이 상류에서 하류로 흘러가는 것처럼, 산업화의 부작용인 위험을 강 하류의 가난한 국가들로 전가시킬 수 있다. 이에 따라 강 하류에 있는 가난한 국가들은 원치 않는 위험을 수용하게 되는 반면에 강 상류에 있는 부유한 경제선진 국가들은 위험을 인식하고 예방책을 세워 두고자 하는 동기 자체가 약해질 수 있다.12)

이러한 위험노출 및 대처능력의 불평등은 지구온난화 문제에서도 여실히 드러난다. 지구온난화는 세계가 직면한 가장 심각한 환경위험의 문제로써 온실가스 배출이 주요 원인이 된다.

유엔의 <기후변화에 대한 정부 간 패널(Inter-governmental Panel on Climate Change, IPCC)>에 따르면, 인류는 산업혁명 이후에 화석연료의 사용을 지속적으로 증가시켜 왔고, 이로 인해 온실가스의 증가를 야기했다.

---

12) 박희제(2014). 위험사회에서 세계시민주의로: 올리히 벡의 (기술)위험 거버넌스 전망과 한국의 사회학. 사회사상과 문화, 30, 83-120.

이에 따라 지구의 평균온도는 지속적으로 상승하여 각종 기상재해 (가뭄이나 태풍)나 생태계 혼란 및 파괴, 사막화 등과 같은 환경위기를 초래하였으며, 인류의 삶에 커다란 위협 요소로 작용하고 있다는 것이다.

또한 지난 100년 간 지구의 평균기온이 0.74℃ 높아졌고, 최근 12년 동안에는 지구온난화가 가속화되어 21세기 말에는 북극의 빙하가 완전히 녹아 없어질 수 있다고 전망하였다.[13]

따라서 국제사회는 지구온난화의 주요 원인인 온실가스 배출을 줄이기 위해 1994년 기후변화협약(United Nations Framework Convention on Climate Change, UNFCCC), 1997년 12월 교토의정서 채택, 그리고 2013년 글로벌 온실가스 감축을 위한 협상을 통해 온실가스 배출량을 줄이려 하고 있으나, 선진국과 개발도상국 사이의 이견 차이를 좁히지 못하고 있어 지구온난화라는 환경위험을 줄이기 위한 노력들이 커다란 진전을 보이지 않고 있다.

이와 같이 선진국(미국, 영국, 독일, 일본 등)과 개발도상국(인도, 중국, 브라질, 남아프리카공화국 등) 간의 이견과 충돌은 매우 당연한 현상이다. 개발도상국 입장에서는 음식이나 물, 주거, 교육 등과 같이 당장의 생존을 위해서는 경제개발이 필수적이기 때문에 환경오염보다는 먹고사는 생존의 문제가 중요할 수밖에 없는 반면에 선진국은 이미 부를 지속시킬 수 있는 경제적 기반이 이미 갖추어져 있기 때문에 보다 나은 삶의 질을 확보하기 위해서는 경제개발보다는 환경을 더 우선적

---

13) 송해룡, 김원제(2014). 공중의 환경위험이슈에 대한 커뮤니케이션 행동 연구: 지구온난화 쟁점(상황)을 중심으로. 스피치와 커뮤니케이션, 23, 273-309.

으로 생각할 수밖에 없는 입장이다.

따라서 개발도상국은 지구온난화 문제를 해결하기 위한 일련의 조치들, 즉 선진국에 의한 온실가스 배출감축이나 규제 요구가 생존의 문제로 직결되며, 선진국 입장에서는 삶의 질을 높이고, 미래의 환경 위험에 대처할 수 있는 조치로 해석될 수밖에 없다. 개발도상국은 그나마 나은 입장이다.

선진국과 온실가스 배출규모의 감소와 관련하여 선진국으로부터 친환경 에너지 기술 전수와 같은 협상력이 있기 때문이다. 하지만 어떤 나라는 그저 전 세계에 호소밖에 할 수 없는 가난한 소국도 있다. 남태평양의 한 구석에 9개의 환초로 이루어진 투발루(Tuvalu)라는 작은 섬나라가 있는데, 이 나라는 인구가 고작 1만 여명 밖에 되지 않는 작은 소국이다.

투발루는 지구온난화에 의한 해수면 상승으로 그 영토가 조금씩 바다 속으로 가라앉고 있는 중이며, 이 상태로 계속 가다가는 50~70년 안에 나라 전체가 물에 잠길 가능성이 크다.

방글라데시(Bangladesh) 역시 지구온난화로 인한 직격탄에 시달리고 있다.

방글라데시는 히말라야 산맥에서 발원한 강들이 서로 만나 인도양 벵골 만으로 흘러드는 삼각주 지역에 자리 잡고 있는데, 지구온난화로 인해 히말라야 산맥의 거대한 만년설과 빙하가 녹아내리면서 방글라데시로 쏟아져 들어오는 강물의 양이 급격하게 늘어나고 있다 (여기에 초대형 홍수나 태풍이 겹치면서 국토의 절반 이상이 물에 잠기고, 10만 명이 한꺼번에 사망한 적도 있다).

이 나라 역시도 2050년이면 전 국토의 17%가 침수되어 2,000만 명이 살 곳을 잃을지도 모른다.[14] 이처럼 위험노출이나 대처능력에 있어서 부유한 국가와 가난한 국가 간에는 명실상부한 불평등이 존재하며, 부유한 나라에서 생산된 위험이 가난한 나라에게로 이전된다. 가난하고 힘없는 나라가 부유한 국가에 의해 생산된 위험을 떠 앉아 그 피해가 가난한 나라에게 대규모로 집중되는 것이다.

그 동안 지구온난화의 원인인 온실가스를 펑펑 내뿜었던 것은 이른바 부유한 나라, 즉 선진국들인데, 그 피해는 고스란히 온실가스 배출량이 정말 보잘 것 없는 투발루와 방글라데시가 겪고 있는 것이다.

14) 오마이뉴스(2016.09.05.). 섬나라 투발루가 바다 속으로 가라앉는 이유.

2. 위험이라는 이름의 독배

익숙한 위험 속에서 살아가는 사람들

칠레는 남아메리카에 있는 나라로, 전 세계에서 재난재해가 가장 많은 나라 중 하나로 꼽힌다. 칠레 자체가 '불의 고리'라는 환태평양지진대에 포함되어 있기 때문에 지진이 자주 발생한다.

뿐만 아니라 언제 터질지도 모르는 크고 작은 활화산만 약 500여 개에 이르는 것으로 추산되고 있으며, 공식적으로는 90여 개의 활화산이 있는 것으로 알려져 있다.

그런데 한 가지 재미있는 현상이 있다. 즉, 사람들이 웬만해서는 화산폭발 가능성의 경고에도 도피를 잘 하지 않는다는 점이다. 이러한 원인은 어디서부터 오는 것일까? 과거 전통사회에서 자연재해는 신의 영역이었기에 알려지지 않은 미지의 위험이었다. 이런 이유로 자연재해는 통제할 수 없는 위험이었고, 사람들에게는 수용할 수밖에 없는 위험이기도 했다.

그래서 그런지 태풍, 홍수, 가뭄, 지진, 화산 등의 자연재해는 천재(天災)였으며, 인간이라면 누구나 운명처럼 받아들여야 하는 위험이었다. 그러면 칠레사람들 역시 화산폭발을 피할 수 없는 천재(天災)로 인식하고 있는 것일까?

하지만 오늘날 자연재해는 인간이 자연을 지배하고, 통제할 수 있는 대상으로 인식되면서, 지속적인 관리의 대상이 되고 있다. 국가는 각종 관측소(기상관측소, 지진관측소 등)나 댐, 저수지, 하천 등의 운영을 통해 자연에 대한 지배력을 더욱 확고히 하고 있으며, 발생할지도 모르는 재해에 대한 예방대책을 수립해 놓고 있다.

따라서 칠레사람들이 화산폭발을 어쩔 수 없이 받아들여야 하는 운명으로 인식한다는 것은 성립되지 않는다. 그러면, 무지(無知)의 문제일까?

이미 그들은 자라오면서 수많은 지진과 화산폭발을 경험했을 것이다.

경험은 곧 교훈과 지식으로 이어질 수 있다는 점을 고려하면, 역시 지식의 문제도 아니다. 칠레사람들에게 화산폭발은 자주 경험하는 위험이다. 그들이 살아가는 주변에서는 언제 터질지 모르는 활화산들이 도처에 수없이 널려 있다 (그 만큼 활화산들이 많다는 의미로 해석해 주기 바란다).

그들에게는 화산폭발은 일상적 위험인 것이다. 이것은 결국 위험 심리의 문제이다. 그 근거로, 첫째, 낙관적 편견을 들 수 있다.

낙관적 편견은 사람들이 어떤 대상에 대해 위험하다고 인식하는 정도인 위험인식(risk perception)에 영향을 미치는 요소로써 (위험인식에 대해서는 나중에 자세하게 나온다), 어떤 부정적 사건이나 위기가 자신보다는 다른 사람들에게 나타날 것이라고 믿는 경향을 의미한다.[15]

즉, 사람들은 동일한 위험상황이라고 하더라도 다른 사람들이 처한 위험에 비교하여 자신의 위험상황을 낙관적인 시각에서 바라보는 경향이 있다는 것이다. 이에 따라 부정적인 결과는 다른 사람들에게 많

---

15) 김인숙(2012). 원자력에 대한 위험인식과 지각된 지식, 커뮤니케이션 채널의 이용, 제3자 효과가 낙관적 편견에 미치는 영향: 일본 후쿠시마 원전사고를 중심으로. 언론과학연구, 12(3), 79-106.

이 일어날 것이고, 자신에게는 긍정적인 결과가 일어날 것이라는 막연한 낙관적인 환상을 가지게 된다 (사람들은 어떤 편견에 사로잡혀 의사결정을 하게 되며, 주관적 인식에 따라 잘못된 위험인식으로 이어질 가능성이 높다).

결국 잘못된 편견이 칠레사람들의 화산폭발 가능성 경고를 무시하고, 별다른 반응을 보이지 않는 원인으로 작용하였을 가능성이 있다.

둘째, 익숙함이다. 칠레사람들에게 화산은 매우 익숙한 위험이다. '익숙함'은 사람들의 어떤 대상에 대한 위험인식에 영향을 미치는데, 해당 위험에 대해 익숙함의 정도(그리고 공포도 포함)에 따라 같은 위험에 대해 사람들의 위험인식은 다르게 나타난다.

예를 들면, 원전 폭발사고는 익숙함은 낮은 대신에 공포는 매우 높은 위험이다. 하지만 자연재해는 익숙함은 높지만, 공포는 상대적으로 낮은 위험에 속한다.[16]

따라서 화산폭발은 칠레사람들에게 매우 익숙한 위험이기에 해당 위험에 대한 심각성을 인식하는데 있어 한계로 작용할 수 있다. 이외에도 다양한 요인들이 영향을 미쳤을 것이다. 하지만 낙관적 편견이나 익숙한 위험은 사람들로 하여금 어떤 위험에 대한 인식을 방해함으로써 잘못된 판단을 내리게 하는 지표라는 점에서 위험의 익숙함 속에서 오는 편견을 경계하는 자세가 필요할 것이다.

---

16) 김영욱(2014). 위험커뮤니케이션. 서울: 커뮤니케이션북스

위험을 감수하는 사람들의 심리는?

우리가 위험을 구분할 때, 자주 쓰는 유형화의 기준은 실제적 위험, 보이거나 혹은 보이지 않은 위험, 확실한 위험 또는 불확실한 위험 등으로 구분한다.

이러한 위험의 유형화는 '위험'이라는 틀 속에서 보면, 모두 같은 위험이지만, 이러한 유형화에 따라 사람들이 받아들이는 위험 정도는 달라질 수밖에 없다.

즉, 같은 위험이라고 해도 사람에 따라 위험의 정도는 달라진다. 이러한 위험을 주관적 위험이라고 하는데, 주관적 위험은 전문가에 의해 과학적이고 객관적인 데이터를 통해 판단되는 객관적 위험과는 다를 수밖에 없다.

특히, 주관적 위험의 경우에는 사회적으로 재구성된 위험이라고 본다.

이러한 이유는 위험을 바라보는 일반 사람들의 관점에 따라 위험이 변화하기 때문이다. 사람들은 확실한 이익을 지키려고 하는 반면에 손해나 손실은 되도록이면 회피하려는 성향을 지닌다.

아마도 현대를 살아가는 사람들 어느 누구도 어떤 결정을 내릴 때, 손해를 보기 위한 결정을 내리는 사람은 없을 것이다. 이처럼 사람들은 자신이 내린 결정이 이익이나 편익으로 돌아오기를 바라는데, 때로는 강력한 이익이나 편익 때문에 애써 위험을 부정하는 사람들이 있다.

이러한 모습들은 사실 우리 사회 곳곳에서 발견된다. 눈앞의 엄청난 이익 때문에 위험을 제대로 보지 못하거나 부정해버리는 것이다.

이러한 경향은 자신에게는 나쁜 일이 일어나지 않을 것이라는 희망, 혹은 낙관적 편견에 기인할 수도 있으나, 인간의 욕망이 눈앞의 이익을 위험보다 더 크게 보이도록 만들기 때문이기도 하다.

더욱이 위험은 실제적 혹은 현실적 위험으로 발화되기 전까지는 잠재적이기에 사람들은 위험을 대처하는데 있어 되도록이면 자신의 기존 신념을 따르려고 한다. 신념은 때로는 위험하기 때문에 눈앞의 이익을 포기하게도 만들지만, 반대로 눈앞의 이익을 위해 위험을 애써 부정하도록 만들기도 한다.

가령, 쓰레기 매립장은 이익과 손실의 대립이 극명하게 나타나는 생활위험 영역이다. 쓰레기 매립장 수용을 통한 이익에 초점을 둔 사람들은 당연히 쓰레기 매립장이 들어서는 것에 대해 찬성하지만, 그에 따른 손실에 기초한 사람들은 쓰레기 매립장을 반대한다.

이익과 손실 프레임이 작동하는 것이다. 이익과 손실프레임은 특정 대상을 어떤 프레임으로 설정하느냐에 따라 관련 위험을 수용할 것인지 수용하지 않을 것인지가 결정되는 것을 뜻하는데, 사회적 위험감수 성향과 유사하다.

사회적 위험감수 성향은 자신의 어떤 행동이 손실을 초래할 가능성이 있다는 것을 알고 있음에도 이익이나 보상 때문에 그러한 행동을 하려는 성향이다.

예컨대, 보상은 적지만, 덜 위험한 선택을 할 것인지, 아니면 많은 보상을 위해 더 위험한 선택을 할 것인지에 따라 사람의 행동이 결정된다.

이때 자기애(自己愛)가 강한 사람은 보상기회에 더 민감하고, 동기로 작용하여 자기애 성향이 낮은 사람에 비해 이득이나 보상을 더 크

게 지각함으로써 위험을 감수하는 행동을 보인다.17)

또한 권력을 가진 사람들 역시 권력을 가지지 않은 사람들에 비해 이득이나 보상을 더 크게 생각하는 성향이 있으며, 그에 따라 위험감수행동을 보이기도 한다 (놀라운 사실은 권력을 가진 사람이나 권력을 가지지 않은 사람 모두 어떤 동일한 대상에 대해 위험하다고 느끼는 정도가 비슷함에도 불구하고, 권력을 가진 사람은 그렇지 않은 사람에 비해 더 위험을 감수하려는 행동을 보인다는 점이다).18)

이러한 이유는 무엇일까? 복잡하게 생각할 필요도 없이, 이익은 눈앞에 있으나, 손해는 눈앞에 있지 않기 때문이다.

여기에 더 위험한 것을 선택함으로써 얻을 수 있는 이익이나 보상은 현실적이지만, 사고는 당장 발생하지 않았기에 비현실적이라는 점도 작용한다. 사람들은 위험이 발생할지, 혹은 위험이 발생하지 않을지 불확실한 상황에서 '이것은 위험하다' 혹은, '이것은 위험하지 않다' 등과 같은 확실한 결정을 내리지 못한다. 그 이유는 결정을 내릴 수 있는 그 어떠한 정보나 단서도 없기 때문이다. 이러한 불확실한 상황에서 사람들은 결정을 내릴 수 있는 특정한 동기가 필요한데, 그 동기가 바로 이익이나 보상이다.

이처럼 이익이나 보상은 확실치 않은 상황에서 어떤 결정을 내리도록 하는 강력한 동기이자 사람들의 위험감수행동을 유발하는 요인이기도 하다.

---

17) Foster, J. D., Reidy, D. E., Misra, T. A., & Goff, J. S. (2011). Narcissism and stock market investing: Correlates and consequences of cocksure investing. Personality and Individual Differences, 50, 816-821.
18) Anderson, C., & Galinsky, A. D. (2006). Power, optimism, and risk-taking. European Journal of Social Psychology, 36, 511-536.

위험의 증폭 심리

우리사회에 위험이 과도하게 증폭되어 사회적 커다란 혼란을 야기한 사례는 얼마든지 찾아볼 수 있다. 미국산 쇠고기의 광우병 위험논란이나 메르스(MERS)가 대표적인 사례이다.

2008년 4월 미국산 쇠고기의 광우병 위험논란은 촛불시위로 이어지기 전에 이미 많은 논란의 중심에 위치해 있었으며, 4월 29일 MBC의 <PD수첩>이 <미국산 쇠고기, 과연 광우병에서 안전한가?>를 방영하면서 사회적으로 엄청난 파장을 몰고 왔다.

미국산 쇠고기의 광우병 위험논란은 결국 촛불시위로 이어지게 되었는데, 그 배경에는 정부 및 관련 조직에 대한 불신과 소통부재, 그리고 일부 언론의 왜곡이나 과장보도도 한 몫 했을 것이지만, 해당 전문가들 간의 첨예한 이견과 대립도 커다란 영향을 미쳤다.

광우병에 대한 전문적 지식이 부족한 시민들은 자연스럽게 해당 전문가에 의존할 수밖에 없는데, 전문가들마저 미국산 수입쇠고기의 안전성 여부에 대한 이견과 대립을 보이면서 시민들의 불안감은 계속해서 커질 수밖에 없었다.

특히, 과학적 데이터에 의해 객관적인 사실을 전달해야 할 전문가들마저 찬성하는 측과 반대하는 측으로 분열되는 정치적 양상을 보여주었고, 그나마 정치적 중립성을 고려한 전문가들마저 제각각의 의견을 내놓는 바람에 시민들의 불안감은 더욱 증폭되었고, 결국에는 <촛불시위>로 나타나게 된 것이다.

또한 2015년 5월부터 시작된 MERS (Middle East Respiratory

Syndrome; 중동호흡기증후군) 사태는 온 나라를 쑥대밭으로 만들었고, 국민들은 메르스 사태가 진정될 때까지 불안과 공포 등의 심리적 고통에 시달려야 만 했다. 뿐만 아니라 일선 학교들은 휴교를 해야만 했고, 각종 모임이나 회식, 출장 등이 줄줄이 취소되었으며, 사람들과의 접촉이 많은 공공장소가 위험하다는 인식이 시민들 사이에 확산되면서 유통이나 관광 등 서비스업은 물론 문화 및 여가산업 역시 커다란 타격을 받았다. 메르스 사태로 인해 소비심리가 위축되고 (메르스 사태가 본격화되던 2015년 6월 소비자심리지수<CCSI>는 98.8로 나타났다. 소비자심리지수는 소비자동향지수<CSI> 중 6개 주요지수를 이용해 산출한 심리지표로, 장기평균<2003~2015년>을 기준 값 100으로 보고, 소비자심리지수가 100보다 크면 낙관적, 100보다 작으면 비관적으로 평가한다), 경제적 활동 역시 크게 위축되면서 국내외적으로 막대한 경제적 손해가 유발되기도 하였다 (한국경제연구원은 2015년 5월부터 7월 22일 정부에 의해 메르스 사태의 종결이 공식 선언될 때까지 국내총생산<GDP> 손실액이 약 10조원에 달했으며, 해외투자자의 국내 투자는 물론 수출경쟁력까지 하락하는 등 광범위한 영향을 미쳤다).

또한 2015년 5월 20일 국내에서 첫 메르스 확진 환자가 나온 이후에 6월 1일 첫 사망자가 발생했고, 그 이후 거의 2~3명의 사망자가 발생하였다. 정부의 메르스 사태 종식 선언일인 2015년 7월 28일까지 확진 환자 186명, 일일 최다 격리대상자 6,729명을 기록하였고, 확진 환자 중에서 38명이 사망하였다. 결국 메르스 사태는 한국사회에 다수의 인명피해는 물론 막대한 경제적 손실과 사회적 혼란을 초래하였다.

메르스 사태는 전염병이나 감염병과 같은 리스크 상황에 있어 정부의 리스크 대응 능력 부재를 확인할 수 있었던 사건이다. 청와대부터 일선 보건 당국에 이르기까지 우왕좌왕하는 모습을 보여주었고, 그러한 상황에서 보여준 안일한 대응과 늑장 대처는 국민들에게 '믿을 수 없고, 신뢰할 수 없는 정부'라는 꼬리표를 붙여주는 계기가 되었다.

특히, 공공의료를 책임져야 할 정부는 메르스 사태 초기와 메르스 감염이 확산되는 과정에서도 지역사회에 환란을 가져올 수 있고, 해당 병원이 피해 (대형병원의 영리성)를 볼 수 있다는 이유로 비공개 원칙을 고수하였다 (정부는 우리나라의 병원의 대부분이 민간병원이기 때문에 메르스 환자가 발생한 병원명을 알릴 경우, 병원의 수익이 떨어질 것으로 우려하여 병원명 공개에 소극적이었다. 당시 보건복지부 장관은 2015년 6월 24일 메르스가 발생한 병원명을 처음부터 공개하지 않은 이유는 사람들이 병원을 안 찾아가고 병원이 피해를 입게 된다면서 병원의 수익문제를 고려하였음을 인정하였다).

즉, 환자가 다닌 병원이나 확진환자의 이동 동선 등을 철저히 비밀에 붙이는 등 관련 정보를 공개하지 않았다. 불필요한 사회적 혼란을 방지하기 위한 조치라고 주장하였으나 (우리나라의 <감염병의 예방 및 관리에 관한 법률> 제6조 2항에서는 "국민은 감염병 발생 상황, 감염병 예방 및 관리 등에 관한 정보와 대응방법을 알 권리가 있다."고 명시되어 있다. 그럼에도 불구하고, 정부는 스스로 법에 위반, 비밀주의만을 고수하였다), 국민 개개인들이 스스로 대비할 수 있는 기회를 차단함으로서 오히려 시민사회의 불안과 공포를 증폭, 확신시키는 꼴이 되었다.

정부의 무능은 여기서 그치지 않는다 (이외에도 정부 및 보건당국의 무능과 안일한 대응을 보여주는 사례는 더 존재한다. 질병관리본부는 2015년 5월 20일부터 21일 양일간 제3회 검역의 날 기념행사 및 체육행사를 그대로 개최하였는데, 이날은 국내에서 첫 메르스 감염자가 확인된 날이었고, 이 사실을 감추기도 하였다). 정부(보건복지부)는 메르스 확산 초기에 국민들의 불안이 점차 가중되자 "환자와의 접촉을 피하고, 외출 후나 대중이 많이 모이는 장소를 다녀온 후에는 반드시 손을 씻어야 한다"는 것과 같이 별 실효성 없는 국민행동요령을 발표하였다.

또한 정부는 낙타를 감염원으로 지목하고, 낙타와의 접촉을 피하라거나 낙타유를 먹지말거나 낙타고기를 익혀서 먹으라는 황당한 예방법을 내놓아 국민들의 조롱을 받기도 하였다 (보건복지부는 메르스 예방 수칙을 발표하면서, "낙타와의 접촉을 피하고 멸균되지 않은 낙타유와 낙타고기는 먹지 말라"는 전혀 국내 상황과는 맞지 않은 내용을 발표해 "출근할 때 당분간 낙타는 타지 말아야겠다", "휴~정부의 조치가 아니었다면 낙타유를 마실 뻔 했지 뭐야", "낙타 조심하라는 정부 덕분에 도로에 낙타가 한 마리도 없다" 등 네티즌들의 비아냥이 이어졌다. 물론 나중에 WHO의 행동강령으로 밝혀졌으나, 허술한 대응을 보여주는 또 하나의 사례이다). 이외에도 정부는 컨트롤타워를 수차례 변경하면서 우왕좌왕하는 모습을 보였다. 메르스 사태 당시 처음에는 질병관리본부가 컨트롤타워 역할을 맡다가 이후 복지부로 바뀌었으며, 또 다시 총리실로 변경되었다.

이처럼 컨트롤타워가 수시로 바뀌면서 메르스 대응에 혼선을 빚었고, 당시 질병관리본부, 지자체, 민간 병원 사이의 연계 역시 체계적으로 이루어지지 않았다. 질병관리본부 역시 우왕좌왕하는 모습은 정부와 다르지 않다.

2004년 정부는 '국립보건원'을 '질병관리본부'로 확대하면서 각종 질병연구 및 관리기능은 물론 '돌발적이면서도 대규모 확산 가능성'이 있는 전염병 영역에 대해서 적극 대응할 수 있도록 개편하였다.

이에 따라 질병관리본부의 기본 역할은 국민들의 질병예방과 관리라는 막중한 임무를 부여받았으나, 메르스 사태에서 보여준 질병관리본부의 위기관리 및 대응은 많은 실망과 문제점을 드러냈다. 그 중에서 가장 크게 부각되는 문제는 메르스 감염자 방문 병원 리스트 공개와 관련된 커뮤니케이션 문제였다.

기본적으로 전염병 혹은 감염병과 같은 리스크가 발생할 경우에 발생 초기단계부터 언론에 실시간으로 관련 정보를 제공하고, 온라인(Online)-오프라인(Offline)을 동시에 활용함은 물론 실시간 브리핑을 통해 투명하고 상세한 정보를 공개해야만 국민들이 어려운 질병정보를 좀 더 쉽게 이해함은 물론 오해의 소지를 최소화할 수 있다.

그럼에도 질병관리본부는 메르스 사태 당시 정보를 통제하고, 정작 필요한 정보를 늦장 공개함으로서 메르스가 확산함은 물론 국민 불안을 가중시키고, 관련 위험을 증폭시키는 우(愚)를 범하였다.

특히, 질병관리본부에게 있어서 기술적 방역만큼 중요한 것이 바로 심리적 방역이다. 보통 새로운 전염병은 높은 불확실성으로 인해 필연적으로 불안과 공포를 수반하며, 때에 따라서는 피어볼라(Fearbola)[19]

---

19) 에볼라(ebola)는 치사률이 99% 이상으로 매우 치명적인 병이기는 하나, 호흡기 감염병이 아니라서 그 확산 속도가 빠르지 않다. 세계보건기구(WHO)는 2015년 1월 기준으로 전 세계 에볼라 감염자 21,724명, 사망자 8,651명으로 집계했는데, 대표적 감염병 결핵은 2012년 기준 전 세계적

와 같은 과장되거나 지나친 공포감을 유발하기도 한다. 즉, 위기의 초기단계에서 실체가 규명될 때까지 국민에게 충분하게 정보를 제공하지 않는다면 그 사이에 각종 추측과 루머가 생겨나고, 이는 공포의 확산과 증폭을 불러일으킨다.

그렇기 때문에 심리적 방역을 위해서는 신속하고 정확한 정보의 전달이 필수적이다. 하지만 질병관리본부는 메르스에 대한 심리적 방역에 실패하였다. 결과적으로 질병관리본부는 기술적 방역과 심리적 방역 모두에 실패하는 무능을 보였다.

이처럼 미국산 쇠고기의 광우병 위험논란과 메르스사태는 정부나 관련 주체들 간의 갈등이나 정부나 관련 주체들의 무능한 대처가 어떻게 시민들의 불안과 공포감을 확산시키고, 해당 위험을 증폭시키는지를 잘 보여준다.

으로 한 해 860만 명이 감염되고, 이 중 130만 명이 사망하는 것에 비하면 에볼라 공포는 확실히 과장된 공포인 측면이 많다(The PR News, 2015.02.09.).

메르스 괴담과 교훈

정보가 제대로 투명하게 공개되지 않을 경우에 불확실한 정보나 유언비어가 판을 친다. 메르스 사태에서도 유언비어나 괴담이 SNS나 모바일 메신저 등을 통해 확산되었다. 유언비어나 괴담을 단속할 최선의 방법은 투명한 정보공개에 있다. 그러나 언론은 사태 초기에 병원 이름을 공개하지 않은 정부의 방침을 거의 무비판적으로 수용하였다.

한 예로써 언론은 많은 시민들이 이미 알고 있는 병원 명을 A병원 혹은 B병원으로 보도하였고, 심지어 한 병원이 의료진까지 대규모 격리되어 스스로 임시 폐쇄를 선언해도, 다른 한 병원이 인터넷으로 확진자가 발생한 사실을 공지했음에도 계속 A병원, B병원 식의 보도를 정부가 입장을 바꿀 때가지 고수하였다.

또한 첫 확진자의 국가지정 입원치료 병원으로의 이송 이후 "감염 가능성이 있는 사람은 이미 조사를 하고 있으며, 일반 국민들에게는 전파 가능성이 없으며, 정부가 적절하게 대처하고 있으니 안심하라"는 정부(질병관리본부) 발표를 언론은 그대로 받아들였으며, 감염병 확진자가 국가지정 입원치료 병원으로 이송 전에 이미 여러 병원을 거치면서 수많은 접촉자를 만들었음에도 불구하고 정부의 '안심하라'는 발표에 합리적인 의심을 제기하지 않았다.[20]

또한 2015년 5월 20일 메르스 발병사실이 알려진 이후 정부의 병원 명 공개 거부 등으로 인한 정보 부재가 발생하면서 SNS를 통해 이른바 '메르스 괴담'이 퍼지기 시작하였다.

---

20) 심석태(2015). 메르스정보통제와 언론보도의 문제: 받아쓰기에만 충실, 적절한 정보제공은 소홀. 신문과 방송, 535, 30-33.

괴담에는 메르스 발병 원인이나 위험성, 환자 발생 병원과 감염경로 등에 관한 확인되지 않은 소문이 주를 이루었으며, 이는 SNS를 통해 광범위하게 확산되었다 (당시 의사에게 들었다면서 "병원에는 가지 마라. 현재 정부에서 환자의 수를 속이고 있는데, 메르스의 전파력은 일반 마스크로는 못 막는다. 이로 인해 현재 의료계는 패닉에 빠져 있다"는 괴담이 소셜네트워크<SNS>를 통해 빠르게 확산되었으나, 사실이 아닌 것으로 판명되었다). 또한 그 진위 여부를 떠나 국민들은 메르스 괴담에 불안과 두려움에 떨어야 했고, 해당병원은 외래진료가 예정돼 있는 사람들의 불안감과 예약취소 문의가 빗발치기도 하였다.

물론 SNS가 정보의 전달자나 확산자로서 재난이나 위기상황을 신속하게 전달하고, 상처를 함께 나누는 공감의 도구로 긍정적 역할을 수행하기도 한다. 하지만 SNS는 정보의 신속성과 확산성 때문에 진위 여부가 확인되지 않은 정보가 퍼져나갈 경우에 과도한 불안감이나 공포감을 조장한다는 점에서 문제시된다.

현대를 살아가는 사람들에게 안전한 곳(place)이나 안전한 것(thing)은 것은 없다. 모두 어느 정도 수준의 위험에 노출되어 있는 것이다. 이른바 객관적 위험이 존재한다. 하지만 사람들은 위험을 주관적으로 인지한다. 이러한 주관적 위험은 시간의 흐름(경과)과 경험에 따라 다르게 나타난다.

이는 과학적 사실이라고 하더라도 위험은 사회적으로 구성됨을 의미한다. 이를 위험 커뮤니케이션 관점에서 맥락적 모델(contextual model)이라고 한다. 이 모델에서는 대중을 능동적이고 성찰적이며 비판적이라고 보기 때문에 사회 내에서 위험에 대한 판단을 하는 데 있어서 대중의 참여가 필수적임을 강조한다. 또한 맥락적 모델에서는 과학에 대한 시민들의 선험적 신뢰를 가정하지 않기 때문에, 원활한 소통을 위해서는 전문가들이 과학에 대한 시민들의 신뢰를 획득하는 것이 중요하다고 본다.[21]

특히, 위험 관련 지식은 일반인들이 이해하기 어렵기 때문이고, 그 지식을 비판적으로 검증하는 것은 더 더욱 어렵다. 따라서 위험 상황에서 대중이 어떠한 태도를 가지고 어떤 행동을 할 것인지 판단을 내리고자 할 때, 정보 제공자의 신뢰는 중요한 판단 기준이 된다. 이에 따라 메르스와 같은 위험 상황에서 정부나 보건당국이 국민들과 소통할 때 신뢰가 중요하며, 이것이 바로 위험 커뮤니케이션의 핵심이라고 볼 수 있다.

메르스 사태처럼 정부가 무능하고 안일한 대응을 할 경우에는 정부에 대한 불신이 높아져 높은 위험지각과 더불어 공포감 확산으로 인한 사회적 혼란을 유발하기도 한다. 이에 따라 위험 발생 시 정확하고 신속하며, 투명한 정보 공개는 반드시 지켜져야 할 제 1원칙이다.

이번 메르스 사태는 정부의 메르스 관련 정보 미공개, 투명성 결여, 늦장 대응, 컨트롤타워의 부재, 책임회피 등과 같은 부적절한 대응이 정부에 대한 신뢰를 저하시켰고, 국민의 불신을 키운 것에 기인한다. 메르스와 같은 감염병 위기대응의 핵심은 신뢰이다. 위험 상황에서 신뢰할 만한 정보를 국민들에게 충분히 제공하지 않는다면, 국민은 유언비어나 괴담 등과 같은 비공식적인 정보에 귀를 기울일 수밖에 없으며, 그 위기는 국민 불안으로 이어져 사태가 더욱 더 악화될 수밖에

---

21) 전형준(2016). 메르스 위험커뮤니케이션 분석: 심층사례 연구. 한국위기관리논집, 12(5), 143-155.

없는 것이다 (국민 불안은 결국 신뢰부족에서는 오는 것이며, 정부를 포함한 보건당국의 위험 커뮤니케이션 부재가 사회적 혼란을 더욱 부추긴 것으로 볼 수 있다). 따라서 위기 발생 시 리스크 커뮤니케이션을 통해 지속적으로 국민의 신뢰를 쌓아가는 것이 위기관리의 선제적 대응이자 핵심요소인 것이다.

리스크 커뮤니케이션 관점에서 메르스 사태가 주는 교훈을 정리하면,

첫째, 리스크 상황에는 초동대응이 중요하다. 정부는 감염병과 같은 위기 상황에서 신속하고 정확한 정보분석을 토대로 국민에게 구체적이고 실질적인 정보와 행동수칙을 빠르고 일관성 있게 제공하여야 한다. 공개해서는 절대 안 되는 국가기밀 이외의 정보는 국민에게 솔직하게 공개함으로써 국민의 참여와 협조를 구해야 한다. 이는 민주사회의 정책과정에서 나타나는 다양한 갈등의 요소와 불확실성을 해소하는 중요한 기제가 될 수도 있다.

둘째, 컨트롤타워를 분명하게 해야 한다. 체계적인 감염병 위기관리를 위해서는 감염병 발생 때 중앙정부와 지방자치단체의 역할을 조정하고, 지방자치단체 스스로가 감염병 관리역량을 강화할 수 있도록 해야 하며 중앙정부와의 유기적인 협력시스템을 구축해야 한다 (보건복지부는 2016년 7월 29일 '메르스 백서'를 발간하고, 이 백서를 통해 방역당국의 초동대응 실패, 정부의 메르스 감염 위험과 관련된 오판, 환자 발견 및 역학조사 등에서의 심각한 문제 등을 시인하였다. 특히, 이 백서에는 리더십과 컨트롤타워 부재<보고대상의 불분명성, 보고대상의 중복, 중복보고 등>도 지적되었다).

셋째, 무엇보다 중요한 것이 정부에 대한 국민의 신뢰회복이다. 신

뢰도가 낮은 상황에서 위험 상황이 발생했을 때, 필요한 위험소통이 제대로 이루어지기는 불가능하다. 따라서 평상시에 사회 각 부분에서 다양한 정책을 통해서 정부에 대한 신뢰를 증진하도록 노력해야 한다. 신뢰는 국가위기관리에 있어 중요한 사회적 자본임을 인식해야 하는 것이다. 이러한 신뢰를 확보하기 위해서 관련 정보의 신속한 공개와 더불어 위기 사태 대응에 국민들이 직접 참여하는 협력적 거버넌스 체제를 구축하는 것이 필요할 것이다.

3. 가해자는 있으나, 피해자는 없는 위험

도대체 가해자는 왜 없는 거야?

현대사회에서 위험은 피해자는 분명히 존재하는데, 가해자를 찾아내기란 정말 쉽지 않다. 피해자가 있으면 가해자가 있는 것은 기본 상식인데, 현대사회에서는 이 같은 상식이 통하지 않는다.

기본상식이 통하지 않는 위험은 그래서 위험의 원인을 파악해내는 것이 어렵거나 용이하지 않다[22]는 특성을 지닌다. 매년 중·고등학교에서 노로바이러스(Noro virus)로 인한 집단 식중독 사고가 발생 한다 (노로바이러스는 식중독을 일으키는 주요 바이러스로, 이 바이러스에 노출된 음식을 섭취할 경우에 위경련과 미열, 구토와 설사, 두통, 복통 등의 증세를 보이며, 전염력이 강하기 때문에 대규모 집단 식중독으로 이어질 수 있는 바이러스이다. 얼려도 죽지 않는 높은 생존성을 가진 바이러스이기 때문에 겨울철에 발생하는 식중독의 주요 원인이기도 하다).

집단 식중독 사태는 무엇보다 사고의 원인규명과 사후처리가 중요하다.

집단 식중독 문제가 발생할 경우에 그 원인이 무엇이며, 식중독을 유발한 감염경로는 어디인가의 문제는 효율적인 사후처리와 예방을 위해 매우 중요하기 때문이다.

이번 역시 주요 관건은 원인규명 차원으로, 노로바이러스가 집단 식중독 사태의 주범이라는 것은 밝혀졌으나 보건당국은 집단 식중독을

---

22) 김영란(2011). 한국의 사회적 위험구조: 위험의 민주화 또는 위험의 계급화. 담론, 14(3), 57-88.

유발한 사고의 원인물질을 찾지 못해 결국 감염경로를 밝히는데 실패했다. 집단 식중독 사고는 정확한 감염경로를 알아야 그 책임소재를 분명하게 따질 수 있다.

하지만 감염경로를 밝히는데 실패했고 식자재가 어느 단계에서, 어떻게 오염되었는지를 밝히지 못함으로서 아무도 책임지지 않는 전례가 되풀이 되었다. 노로바이러스의 감염은 비위생적으로 처리된 식재료, 즉 불결한 위생관리에 의한 인체 감염으로 나타난다는 점을 고려할 때, 노로바이러스에 의해 오염된 지하수로 식재료를 씻는 과정에서 식재료가 오염될 수도 있고, 식재료구입 및 유통, 조리과정에서 감염되었다면 식재료에서 노로바이러스가 검출되었어야 한다.

그런데 식재료나 식재료를 씻는 지하수에서 노로바이러스가 검출되지 않았다. 식중독 환자들의 대변에서 노로바이러스가 검출되었다는 것은 분명히 피해자들이 오염된 식수나 식재료로 조리된 음식을 먹었다는 것을 증명하는데 말이다. 결국 반복되는 집단 식중독 사고와 원인규명 실패, 책임소재의 불확실성 등은 국내 식품안전관리체계가 미흡함을 보여주었고, 국민의 식품안전관리체계에 대한 불신감만을 조장하는 결과로 이어졌다.[23]

책임소재와 관련하여 일부 논란이 존재하였다. 그 논란은 "원인을 규명하지 못한 것인지 아니면 원인을 규명하지 않은 것인지"에 대한 논란이다. 전자가 맞을지 혹은 후자가 맞을지는 아무도 모른다.

그러나 책임을 규명하는 일은 분명히 어려운 일이다. 예를 들면, 기

---

23) 이 부분은 저자의 공동저서 중 하나인 <국내 실패사례에서 배우는 리스크 커뮤니케이션 전략> 중 '노로바이러스 검출로 인한 급식대란 사태(2006)'의 내용에서 일부 발췌하였음 밝힌다.

후변화나 지구온난화는 누구의 책임인가? 그리고 누구에게 책임을 물을 수 있는가? 분명히 기후변화나 지구온난화로 인한 위험상황은 존재하는데, 위험상황을 야기한 대상은 불분명하다.

지구온난화의 주범인 온실가스를 수십, 수백 년 동안 내뿜어온 선진국들에게 그 책임을 물을 수 있는가? 아니면, 이제 와서 온실가스를 줄이자고 요구하는 선진국에 맞서 경제발전에 온 힘을 쏟아 붙고 있는, 그래서 온실가스를 펑펑 내뿜는 개발도상국에게 그 책임을 물을 수 있는가?

기후변화나 지구온난화라는 위험의 결과와 피해를 대부분의 사람들이 나누어 가지고 있는 현재, 원인은 규명이 되었는데, 책임을 누구에게 부과할 것인지는 명확하지 않다.

이러한 책임의 복잡성은 비단 환경오염 위험과 같은 영역에서 멈추지 않는다.

복지국가로 가겠다는 야심찬 계획과 그에 따른 과학기술의 발전이 삶의 편리성을 극대화시킨 나머지 다양한 정치적 (노인차별, 성차별, 인종차별, 이주노동자 차별 등), 경제적 (금융위기, 실업, 불황, 고용불안, 비정규직, 각종 산업재해, 에너지고갈 등), 사회적 (범죄증가, 안전사고 증가, 가정폭력, 이혼증가, 아동 및 노인폭력, 묻지마 폭력 등), 생태학적 (산성비, 지하수 및 식수원 오염, 미세먼지, 황사, 기후변화 및 지구온난화 등), 기술적 위험 (원전, 생명공학, 나노공학, 유전자공학, 정보통신망 장애 등)을 양산해내고 있는데, 이에 대한 책임을 과연 누구에게 지울 수 있을까?

우리는 결국 위험은 상시적으로 존재하고 발생하는데, 책임 소재나 규명은 불명확한 사회에서 살아가고 있는 것이다.

전자파는 살아 있다

최근 전자기술의 진보, 특히 디지털 기술의 발전에 따라 각종 전기 전자제품들이 다양하게 선보이고 있다. 그러나 이들로부터 끊임없이 방출되는 불필요한 전자파가 인체에 직접적인 영향을 미쳐 두통 등의 장해를 일으키거나 디지털 기기의 오작동을 유발하여 인사사고로 이어져 사회문제가 되고 있기도 하다. 위험 원으로서 전자파의 심각한 측면은 일반적인 환경오염과는 전혀 달리 색깔이 없으며 눈에 보이지도 않고 소리가 없어 들리지도 않으며, 자신이 느끼지도 못하는 가운데 오염이 가중되어 인간의 생체에 축적되어 간다는 사실이다. 그래서 선진국에서는 전자파를 대기오염, 수질오염, 토양오염에 이은 제4의 공해로 부르기도 한다. 더구나 가전제품이 점차 대형화되어 가는 추세에 새로운 기능이 개발 추가되어 점점 더 전력소모가 커지고 있으며, 전력 소모 증가에 따른 송전선이나 변전소가 우리 주변에 증설될 수밖에 없다. 또한 전자레인지, 전자조리기, 세척기, 휴대전화기, 무선전화기 등 전자파를 발생하는 가전기기도 증가하는 추세이다. 즉, 일상생활에서의 전자파에 대한 노출 빈도와 가능성이 더욱 증가하고 있는 것이다.

전자파가 건강에 미치는 위험 논쟁은 최근에 갑자기 불거진 것이 아니라 1960년대부터 지속되어 왔다. 1960년대 미국에서는 고압전선과 관련하여 정부와 시민 간 갈등이 발생했다. 전자파의 예상 가능한 건강위험에 대한 논의는 전기 공급회사가 60년대 말 전기수요를 충족시키기 위하여 점점 높은 전압을 갖는 고압선을 설치하면서 처음으로 공적인 논의의 대상이 되었다. 이 걱정과 공포는 고압전선의 설치를 반대하는 군중시위의 여러 가지 이유 가운데 하나였다.

1960년대 중반에 구소련의 학자가 건강에 미치는 전자파의 위험과 폐해에 관한 연구보고서를 발표하면서 처음으로 학술적인 논쟁의 대상이 되었다. 1972년 국제학술 대회를 통해 폭넓은 이목을 끌게 된 이 주장은 반대여론에 휩싸였다. 대부분의 학자들은 일상생활에서 활용되는 전자파는 낮은 수준으로 인간에게 위험이 없다는 주장을 지지했다. 70년대 초까지 여러 나라에서 신체조직에 대한 전자파의 영향을 조사한 실험결과는 대부분 별다른 영향이 없다는 증거를 제시하였다. 그러나 전자파로 인해 예상되는 건강위험에 대한 공포는 꾸준히 증가해 미국의 경우 70년대 중반부터 고압전선의 건설에 대한 청문회에서 저주파 문제가 핵심이슈로 다루어졌다. 그리고 1980년대 초에는 일반적인 수준보다 강한 전자파 영역에 노출된 곳에서 작업을 수행하거나 거주하고 있는 사람들의 암 위험이 보다 높을 수 있다는 연구결과가 보고되면서 전자파에 대한 두려움은 더욱 증가하였다. 전자파에 대한 공포의 사회적 확산은 전자파가 인간의 건강에 미치는 영향에 관한 연구활동을 증진시켰으며, 전자파 노출에 대한 국가의 규제조치를 강화시켰다. 전자파의 위험에 대한 이슈는 현재 전기장에서 전자장으로, 고압전선에서 가전제품의 전자파와 도시의 전선 같은 영역으로 변화되고 있다. 또한 다양한 공적 기관과 사적 조직들 역시 전문가들로 구성된 위원회를 구성하고 전자파의 영향력 및 위험을 평가하고 관리하는 노력을 지속적으로 추진하고 있다

1970년대 말부터 고압전선의 전자파 위험에 대한 조사 및 연구와 미디어의 보도가 이루어지기 시작한 독일에서는 1980년대 이후에도

새로 설치되거나 혹은 기존에 존재하는 고압전선을 둘러싼 갈등이 지속되었다. 베를린의 주거지역과 함부르크의 학교와 유치원에서는 고압전선이 건강을 위협할 가능성이 있다는 측면에서 철거가 지속적으로 요구되기도 하였다.

전자파와 관련한 건강위험에 대한 의문이 증폭하고 있다. 고압전선의 근처에 땅을 사거나 집을 지으려는 개인이나, 자신의 안전과 어린이의 건강을 걱정하는 지역주민들이 특히 그러하다. 또한 1990년대 중반 이후 대부분의 가정과 직장에 컴퓨터가 도입되고 모바일 폰 이용자가 증가하면서, 이 같은 기기로부터 방출되는 전자파의 위험에 대한 우려가 더욱 확산되고 있다. 그리고 스웨덴 등의 국가에서는 전자파 기준에 맞지 않는 기기는 판매되지 못하도록 하는 조치를 취하게 되었다.

독일에서는 1991년부터 여러 곳에 설치되기 시작한 이동통신 네트워크의 건설 및 이와 관련한 이동통신 중계소 설치문제가 논쟁이 되고 있다. 100여 곳 이상에서 중계소와 관련하여 주민들이 반대시위가 발생하였으며, 그 결과 설치가 중단되거나 법원에 고발되었다.

독일과는 달리 미국에서는 1993년 초에 이루어진 한 판결로 전자파에 대한 사회적 관심이 증폭되었다. 미국의 한 시민이 핸드폰 사용으로 인해 자신의 부인이 뇌종양에 걸리게 되었다고 주장하면서 휴대폰 제조사와 이동통신 회사 그리고 판매자를 법원에 고발한 것이다. 이로써 미국에서는 이동통신 기기가 건강을 해칠 수 있는 예상 가능한 위험원으로서 처음으로 공적 관심의 대상이 되었다.

2000년대에 접어들면서 세계 각국의 정부와 국제기구들도 전자파의 위험성에 관한 다양한 연구결과들을 제시하고 있다. 2002년 프랑스 정부에서는 사전주의(precaution)로서 부모가 자녀의 휴대폰 사용을 자제하도록 하라는 경고를 내렸다. 같은 해 WHO는 휴대폰을 비롯한 EMF(전자기장) 노출 이슈와 관련하여 과학적 불확실성이 높은 상황에서 과학적 입증을 위한 연구결과를 기다리지 않고 잠재적 건강 위험성에 대해 조치를 취할 필요성을 반영하기 위해 위험성 관리정책인 '예방적 원칙(precautionary principle)'의 필요성을 제시했다. 그리고 2005년 러시아의 국립 비전리 방사선보호위원회(RNCNIRP, Russian National Committee on Non-Ionizing Radiation Protection)는 16세 미만의 아이, 임산부, 정신질환, 히스테리, 정신지체, 불면증을 가진 이들의 휴대폰 사용을 최대한 자제해야 한다는 보고서를 발표했다.

스웨덴에서 발표된 연구보고서는 고압전선 근처에 사는 어린이가 백혈병에 걸릴 수 있는 위험이 매우 높다는 사실을 적시하고 있다. 나아가 스웨덴에서 전자기술과 연관된 직업을 갖고 있는 노동자가 암에 걸릴 위험이 높다는 사실을 제시한 또 다른 보고서는 전자파에 대한 노출을 낮추는데 기여하였으며, 정부의 통제조치를 강화하는 근거가 되었다.

전자파의 위험에 대한 과학적 정보 및 지식과 사회적 관심 및 공포의 확산에 대한 미디어의 매개와 중재현상이 더욱 증가하고 있다. 1980년대 이후 미디어보도는 전자파가 야기하는 예상 가능한 위험과 관련한 문제를 점점 더 많이 보도하고 있다. 그리고 이러한 보도가 지속적으로 이루어지면서 '전자스모그(electronic smog)'는 일반적인 위험주제가 되고 있다. 이 개념은 전자파처럼 새롭게 등장하는 위험물질로 인해 건강을 해치는 현상이 사회적인 문제로 확대될 것이라는 공포를 의미한다. 신문은 초기에 고압송전선, 가정 내의 전기선 그리고 가전제품을, 건강위험을 유발하는 위험원으로 보도하였으며, 1991년 이후에는 이동통신 기지국, 휴대폰, 고압송전선이 위험성에 대해 보다 비중 있게 보도하고 있다. 미디어는 전자파로 인해 예상 가능한 건강위험에 관한 학술적인 찬반논쟁은 물론 시민단체들의 행동까지도 중요한 뉴스로 보도하고 있다.

전자파의 건강위험을 둘러싼 논쟁은 미디어에 의해 중요한 사회적 아젠다로 일반시민들에게 인식되었으며, 최근에 들어와서는 인터넷 등과 같이 새롭고 개인화되고 네트워크화 된 미디어들이 등장하면서 점점 더 심층적인 프레임을 통해 다루어지고 있다.

인간과 사회에 관한 기술의 위협을 둘러싼 논쟁과 갈등과정에서 의견일치와 관련된 커뮤니케이션 측면의 문제는 각 갈등 당사자들 사이에 다양한 갈등차원에 존재하고 있음이 밝혀졌다. 전자파의 위험을 둘러싼 논쟁에서 갈등당사자 사이에 의견일치의 어려움은 조장하는 해심요인은 각 당사자들의 상이한 안전철학, 위험관리를 하는 기관에 대한 신뢰 정도, 위험과 관련된 지식 및 인식의 전달인 것으로 밝혀지고 있다. 또한 폰 윈터펠트와 에드워드(Von Winterfeldt & Edwards, 1984)는 위험한 기술을 둘러싼 갈등의 분석에서 데이터와 확률성 및 개념정의의 차원과 이용 편익, 비용 그리고 위험의 분배와 기본적인 사회적 가치의 차원에서 갈등 당사자들의 갈등이 발생하고 있음을 확인하였다.

커뮤니케이션에 있어서의 문제는 예상 가능한 건강위험의 존재에 대한 전문적 지식과 인식이 일반인에게 전달될 때 일어난다. 이 문제는 상이한 언어의 사용을 통해 우선 야기된다. 또 다른 문제는 일반인의 정보욕구를 만족시키는 것이 전문가들에게 종종 힘들다는 것이다.

일반인은 전문가에게 건강위험 가능성에 대한 명백하고 분명한 메시지를 원한다. 일반인은 전자파의 원천이 되는 특정 기기와 시설이 건강에 위험한지를 전문가를 통해 알고 싶어 한다. 그러나 전문가는 이러한 문제에 답변하는데 어려움을 갖는다. 전문가들은 위험여부에 대한 질문에 확률적으로 계량화된 수치를 제시하거나 일반인들도 손쉽게 이해할 수 있을 정도의 은유적 표현을 이용하여 답변하게 되는데, 일반인들의 입장에서 이 같은 답변은 위험여부를 다의적으로 해석하게 하거나 충분히 이해하지 못하도록 한다. 현실적으로 건강위험의 존재는 분명하게 증명되기 곤란한 측면을 지닌다. 실제상황에서 건강위험의 존재여부에 영향을 미치는 요인을 모두 고려하여 실험한다는 것은 어렵다. 따라서 실험과정에서 특정 요인은 원칙적으로 배제될 수 있는 반면 또 다른 특정 요인은 실제 환경보다 지나치게 강조될 수도 있다. 그리고 이 같은 한계에도 불구하고 보고된 연구결과들은 결과적으로 일반화되거나 설득력을 지니는데 있어서도 어려움을 갖게 될 가능성이 크며, 따라서 건강위험의 존재를 증명하는데 부족한 경우가 빈번하다. 이와 같은 복잡한 상황을 일반인들은 충분히 이해하기 어렵다. 이에 따라 전문가의 답변은 일반인의 몰이해에 직면하고, 전문가가 설명하려는 목적과는 달리 어떠한 위험이 있다는 공포감을 증폭시킬 수도 있다.

또 다른 이해의 어려움은 일반인이 위험을 이분법적이며 분리된 상태로 관찰하는 경향이 있다는 점에서 비롯된다. 일반적으로 비전문가들은 위험을 '있다'와 '없다'의 이분법으로 인식하는 경향이 있다. 그리고 위험이 있으면 일반인은 비용이 얼마가 되던지, 어떠한 단점이 발생하는지 그리고 위험이 다른 위험과 비교하여 얼마나 큰지에 관계 없이, 일반적으로 그것의 경감과 완화를 요구한다. 반면 전문가의 눈에 위험은 하나의 지속적인 변수이다. 또한 이외에 모든 대안적 행위도 항상 위험과 관계된다. 그래서 전문가는 행위조치를 제시하기 전에, 위험이 있느냐 뿐만 아니라 위험이 여타 다른 위험과 비교하여 얼마나 큰가를 고려하게 된다. 전문가와 일반인들 사이의 위험에 대한 상이한 관찰방법으로 인해 위험은 전문가들이 원하는 것보다 일반인에게 훨씬 더 드라마틱하게 해석된다. 또 다른 차원에서 일반인의 정보욕구를 만족시키는 것은 전문가에게 어려운 일이다. 건강위험이 없다는 간단한 확인은 수많은 일반인을 이해시키는데 충분치 못하다. 전문가가 건강위험이 없다는 주장의 근거로 많은 것을 제시하고, 전자파의 최저치와 일상생활에서 경험하는 전자파의 특성에 대해 말하여도, 이러한 답변은 일반인이 이해하지 못하고, 때로는 너무 기술적이고, 그래서 만족스럽지 못한 것으로 인식되는 것이다.

사회적 책임에서 개인의 책임으로

이미 드러난 위험은 이미 두려움의 대상이 아니다. 거기에 대처하면 그만인 셈이다. 하지만 미래의 드러나지 않은 위험은 대처하기 힘들 뿐만 아니라 사람들 개개인에게 경험되어지는 것이 아니기에 감각적으로 인지될 수 없으며, 다만, 언제라도 현실화될 수 있는 가능성만을 내포한다.

그래서 집단과 제도는 위험이 발생했을 때, 그에 따른 사회적 책임을 부과한다 (보상이나 배상, 위험 발생 유발자나 방관자, 혹은 관리감독자에 대한 처벌). 그렇다고 해서 위험이 사라지는 것은 아니다. 이미 파괴적인 결과가 발생하여 손실이 발생하였다고 하더라도 그 위험이 영구적으로 사라지는 것은 아니기 때문이다.

오히려 위험은 반복적으로 재생산되며, 반복적으로 재생산되는 과정을 통해 위험에 대한 사회적 책임이 더 부과되는 형식을 취한다. 그이유는 사회적 책임이 강화될수록 위험의 발생 가능성이 낮아진다는 정책적, 제도적 합리성에 근거한다. 하지만 사회적 책임이 어떤 위험을 예방할 수 있을 것이라는 인식은 매우 순진한 사고이다. 즉, 사회적 책임의 부과는 근본적인 위험예방 수단이 아니라는 의미이다. 현대사회에서 발생하는 다양한 사고는 시스템에 근거한다.

한국사회의 경제성장 일변도 중심의 압축적 근대화는 우리사회 내에서 각종 사회적 문제를 유발하였다. 사회계층 간 불평등과 갈등, 사회에 만연한 부정부패 (은폐와 왜곡), 각종 범죄 (살인, 강간, 폭력 등), 자살, 안전사고 (지하철사고나 화재, 대형교량이나 건물붕괴, 가스폭발, 화재사고), 환경 및 해양오염 (자동차 매연이나 각종 산업폐기물 분진과 무단 방류), 각종 분쟁 (의료사고 등)을 초래하였다. 압축적 근대화를 통해 구축된 시스템이 수많은 위험을 생산해내고 있는 것이다.

이러한 복합적 위험사회는 결국 압축적 근대화가 낳은 시스템이라는 구조 속에서 발생한다. 따라서 복합적인 위험사회에서 위험은 자유의지에 의해 수용되는 위험이 아니라 시스템 안에 존재하는 위험이다.

그러나 정부나 국가는 '안전'을 강조하고, '위험관리'를 주창한다. 이를 통해 위험의 문제를 개인의 문제로 돌린다. 즉, 안전규칙을 제대로 지키지 못했다거나 부주의하였으며, 부적절한 위험관리의 문제로 치부해버리는 것이다.

따라서 사고나 위험발생의 모든 책임은 사회구조적 문제가 아닌 철저하게 개인의 문제로 귀속된다 (물론 어떤 위험이 발생했을 때, 조직이나 기업의 책임으로 돌려지는 경우도 있으나, 그러한 기업이나 조직마저 조직 내 구성원 개인의 실수나 부주의로 그 원인과 책임을 돌린다).

그래서 삼풍백화점이나 성수대교 붕괴, 대구지하철방화사건, 구미 불산 유독가스 유출사건, 아현동 가스폭발 사건 등은 모두 교통사고와 같이 안전 불감증에서 오는 개인의 문제가 된다. 그러다 보니 위험에 대한 책임 역시 정부나 국가는 개인에 책임을 지운다.

과학기술의 경우에는 더욱 복잡해진다. 고도의 과학기술이 적용된 원자력발전이나 생명공학, 나노공학, 유전자공학 등은 독자들이 생각하는 것과는 다르게 실제로는 사고 발생가능성이 매우 낮은 영역에 속하는 기술이다.

이때 낮은 발생가능성은 확률에 기인한다. 원자력발전소는 지구상에 수백 개의 원자력발전소가 존재하지만 사고와 같은 경험적 사례 수는 극히 적다. 또한 생명공학이나 나노공학, 유전자공학 등은 실제 어떤 사고로 이어진 적은 없으며, 예상되는 위험성 모두 추측과 가정에 의한 가능성만이 제기된다.

다만 윤리적 측면의 문제는 지금도 제기되고 있는 중이다 (황우석 박사의 줄기세포 사건이나 인간복제와 같이 생명윤리에 대한 문제). 따라서 첨단 과학기술에 대한 문제는 추측과 가정만 있을 뿐 그 위험성 여부를 평가할 수 있는 근거가 전혀 없기에 아직까지 발생하지도 않은 위험 때문에 윤리적 문제를 제외하고는 사회적 책임을 따질 수는 없다.

앞에서 언급했듯이, 오늘날 위험은 시스템 상의 문제이지만 그 책임은 개인의 문제로 돌려진다.

그래서 정부나 국가는 어떤 위험이 발생했을 때, 그 책임을 개인의 책임으로 돌린다. 물론 세월 호나 성수대교 붕괴와 같은 사회적으로 엄청난 파장을 불러일으키는 위험에 대해서는 정부나 국가가 책임을 지는 것 같지만, 그것은 표면상의 문제이고 실제로 정부나 국가는 구상권이라는 제도를 매우 적절하게 활용한다 (개인이나 개인에게 속한 조직, 그리고 조직은 다시 개인에게 구상권을 신청한다).

따라서 위험은 사회적 책임보다는 개인적 책임의 문제이고, 개인적 책임이기에 시스템에 의한 문제는 배제된다. 설사 어떤 위험으로 인한 피해가 발생했을 때, 그 책임을 정부나 국가가 진다고 하더라도 (물론 택도 없는 소리이다) 그것은 시스템의 문제가 아니라 수많은 우연의 결과에 의해 나타난 위험으로 포장될 가능성이 높다.

즉, 시스템 상의 위험문제는 드러나지 않는, 그러나 현존하는 위험이다. 어떤 사건사고에 의해 개인이 정부나 국가와 싸워서 이길 가능성은 많지 않다. 또한 그 원인과 책임을 규명하는데 있어서도 오랜 시간이 걸릴지도 모른다.

예를 들어, 환경오염에 의한 피해의 결과는 단 시간에 나타나지 않으며, 상당한 시간을 요한다.

예를 들어, 후쿠시마 원전 폭발사고로 인한 방사성 물질에 대한 노출이 후세에게까지 영향을 미치지만, 실제로 그 피해가 외부로 드러나기까지는 많은 시간이 흘러야 가능한 일이다. 당장 나타나지 않은 피해의 문제를 산정하는 것 자체가 불가능하고, 설사 방사성에 의한 피해가 후세에 나타난다고 하더라도 그것이 방사성 노출로 인한 피해인지의 여부를 따지기가 쉽지 않다. 수많은 경우의 수를 생각지 않을 수 없는 것이다.

따라서 위험과 관련하여 그 책임이 사회적 책임에서 개인적 책임으로 넘어갔기에 개인 스스로 위험으로부터 벗어나고 예방하기 위한 자기 노력이 필요하다. 정부나 국가에 기대하지 않는 편이 낫고, 그래서 위험에 대한 개인의 성찰이 필요한 것이다.

4. 안전과 안심의 경계

안전과 안심은 다르다?

현재 한국사회를 돌아보면, 크고 작은 사건들이 끊이질 않고 발생하고 있다.

국가 위기관리시스템의 총체적 난국을 극명하게 드러냈던 세월 호 사건 (2014년 4월 16일 전라남도 진도군 조도면 부근 해상에서 청해진해운 소속의 인천발 제주행 연안 여객선 세월호가 전복되어 탑승인원 476명 중 295명이 사망하고 9명이 실종된 사건) 부터 경주 리조트 체육관 붕괴 사건 (2014년 2월 17일 경상북도 경주시 마우나오션리조트에서 발생한 사고로서, 체육관에서 신입생 환영회 행사를 진행 중이던 부산외국어대학교 학생 9명과 이벤트업체 직원 1명 등 총 10명이 사망하고, 101명이 부상을 당했던 사건), 장성 요양병원 화재사건 (2014년 5월 28일에 전라남도 장성군 삼계면에 있는 요양병원에서 방화로 인한 화재가 발생하여 21명이 사망하고 8명이 부상을 당했던 사건), 고양종합터미널 화재사건 (2014년 5월 26일 경기도 일산동구 백석동 고양종합터미널에 화재가 발생하여 8명이 사망하고, 110명이 중경상을 입은 사건으로 소방서에서 4분 만에 도착하여 20분 만에 진화에 성공했으나, 짧은 시간에 피해가 막심했던 사건), 서울 지하철 2호선 상왕십리역 추돌사건 (2014년 5월 서울 지하철 2호선 상왕십리역에서 출발하려던 전동차를 후속 전동차가 추돌하여 승객 237명과 기관사 1명을 포함, 총 238명이 부상을 입은 사건), 태백선 열차 충돌사고 (2014년 7월 22일 태백역과 문곡역 사이에서 교행중이던 열차 중부내륙순환열차와 무궁화가 정면충돌하여, 70대 여성승객 1명이 사망하고 중상 4명, 경상 42명 등 상당한 인명피해가 발생했던 사건), 판교환풍구붕괴사고 (2014년 10월 17일 경기도 성남시 분당구 삼평동 판교테크노밸리의 야외 공연장 인근 지하주차장 환풍구 덮개가 무너져 공연을 보던 관람객 27명이 약 20m 아래 6층 높이 유스페이스 주차장 환풍구 바닥으로 추락하여 16명이 사망하고 11명이 부상을 당했던 사건), 이외에도 부산 지하철화재사고, 청도 오토캠핑장 사고 등은 모두 2014년에 일어났던 사건들로서 많은 인명손실을 유발하였다.

이런 사고들의 특징은 일반적인 재난사고라기보다는 사회시스템 내에 존재하던 위험이 밖으로 드러난 위험으로서 우리사회에서 안전의식의 부재가 빚어낸 참사라고 볼 수 있다.

더구나 세월 호 사건은 그 동안 쌓인 한국사회의 위험요소가 한 번에 터진 대형 참사로서, "한국은 아주 특별하게 위험한 사회"라고 진단했던 울리히 벡(Ulrich Beck)의 소리를 귀담아 듣지 못했던 안타까운 결과라고 하겠다.

한국사회에서 위험은 구조적으로 내재화된 위험이며, 현재에도 계속되고 있는 진행형이라고 할 수 있다. 2014년 한 해 동안 한국사회에서 많은 인명피해를 유발했던 사건사고들은 한국사회가 아주 특별하게 위험한 사회임을 보여주는 단적인 사례이다.

이와 같이 한국사회가 아주 특별하게 위험한 사회이고, 위험이 구조적으로 내재화되어 있는 사회라고 본다면, 그 위험의 발생을 미연에 통제하거나 그 위험결과로서 발생하는 피해를 최소화하기 위한 정부를 포함한 우리 사회 전반의 노력이 필요하다.

이에 예기치 못한 위험 발생에 대해 각종 안전점검을 통해 관련 시스템을 개선하고, 이를 통해 위험발생이나 피해를 최소화할 수 있는 노력이 필요한 것이다.

이러한 안전점검이나 시스템의 개선은 모두 관련 영역의 전문가에 의해 이루어진다. 이는 많은 위험영역이 전문적 지식을 바탕으로 한 영역에 속해 있기 때문에 특정 위험이 발생하거나 발생할 가능성이 있을 경우에 많은 대중들은 전문가의 안전조치를 믿고 따를 수밖에 없다. 하지만 문제는 과연 정부를 포함한 전문가의 다양한 안전조치가 국민들의 가중된 불안감을 감소시킬 수 있는가? 하는 것이다.

대표적으로 우리사회에서 촛불시위와 수많은 국민들의 불안을 유발했던 광우병 논쟁은 안전의 문제가 아니라 안심의 문제였다.

또한 세월 호 사건 이후에 불안감을 감추지 못했던 수많은 학부모들의 요구로 당시 일선 고등학교들이 수학여행을 전면 보류하거나 무기한 연기를 한 바 있다.

그리고 2015년 1월 우리사회를 놀라게 했던 인천 어린이 집 보육교사의 유아 폭행 사건 이후, 전국의 어린이 집에 불안감을 감추지 못했던 학부모들의 전화가 빗발쳤고, 심지어는 정부의 전국 어린이 집에 대한 단속과 감사를 실시하겠다는 정부의 발표에도 불구하고, 많은 학부모들이 어린이 집 내에 CCTV를 설치하자는 의견과 요구가 빗발치기도 하였다.

특히, 유아 폭행 사건이 발생했던 해당 어린이 집은 보건복지부의 정부 평가에서 우수기관으로 지정된 바 있어 학부모들의 불신과 충격은 매우 컸다.

이러한 일련의 사태들은 국민들의 불신이나 불안이 정부(전문가 포함)가 강조하는 '안전'과는 별개의 문제이며, 안전이 곧 안심의 반영이 될 수 없음을 보여준다.

결국 한국사회를 살아가는 많은 사람들이 안전과 관련된 정부(전문가)의 다양한 조치나 정책에도 불구하고, 불안 속에서 안심하지 못하는 사회에서 살아가고 있음을 시사하며, 안심을 안전과는 별개의 문제로 접근하여 살펴볼 필요가 있음을 의미하기도 한다.

옥스퍼드(Oxford) 영어사전에 따르면, 안전은 safety로서, '피해나 위험으로부터 안전이 유지되는 상태'인 반면에 안심은 relief로서, '어떤 (기쁘지 않은) 불쾌한 일이 발생하지 않거나 오랫동안 지속되지 않기 때문에 기쁨이나 행복감을 느끼는 것'으로 정의된다. 안전은 '물리적, 기술적 문제로 수용 가능한 혹은 잠재적인 위험으로부터 면해지는 것'을 의미하나, 안심은 '마음으로부터 걱정, 불안을 느끼지 않고, 기쁨이나 행복감을 느끼는 마음의 상태'라는 차이가 있다. 안전은 사건, 사고로부터의 안전인 반면에 안심은 사건, 사고의 위험이 없는 마음의 평안을 의미한다. 안전은 전혀 예기치 못한 위험에 대한 걱정과 불안이 포함되어 있으나, 안심은 예기치 못한 위험에 대한 걱정과 불안이 없는 마음의 상태를 의미한다.[24]

결국 안심은 외부적, 신체적, 사회적인 안전요소를 강화하고, 위험 및 위기 요소를 제거함으로서 얻게 되는 지극히 주관적인 개념이라고

---

24) 송해룡(2017). 위험사회 한국과 리스크 커뮤니케이션: 안심사회 구현을 위한 성찰적 과제. 성균관대학교 위험커뮤니케이션연구단.

할 수 있다. 이와 같이 안전과 안심은 분명히 서로 다른 개념임에도 불구하고, 국내에서는 안전과 안심을 혼용하여 사용하는 경향이 있다.

이에 따라 정부나 전문가가 안전하다고 강력하게 주장해도 국민이 느끼는 안심은 별개로 작용하기 때문에 전문가에 의해 측정된 위험수준과 국민의 체감 간에는 명백한 괴리감이 존재할 수밖에 없다. 그러므로 이제는 안전을 넘어 안심으로의 패러다임 변화가 요구된다고 하겠다.

더 이상 전문가가 주장하는 '안전'은 '안전하지 않다'

독일의 사회학자 울리히 벡(Ulrich Beck)은 "한국은 아주 특별한 위험사회이다. 내가 지금까지 말해온 위험사회보다 더 심화된 위험사회이다. 전통과 제1차 근대화 결과들, 최첨단 정보사회의 영향들, 제2차 근대화가 중첩된 사회이기 때문에 특별한 위험사회인 것이다."라고 주장한 바 있다.

압축적이면서도 돌진적인 근대화가 한국사회의 '위험사회화'의 근본적 원인25)이라고 한다면 이제는 압축적이고 돌진적인 근대화를 효율적으로 추진하기 위해 형성되었던 시스템 그 자체가 '위험'으로 변모하였고, 이러한 구시대적 산물에 의해 구축된 위험관리와 예방은 거의 유명무실해져 한국사회에서의 위험이 복잡화, 대형화26)되어가고 있다.

한국사회에서 끊임없이 발생하고 있는 사건사고나 재난의 근본적 원인은 우리사회에서 뿌리 깊게 형성되어 있는 안전 불감증, 즉 안전의식 부재27)라고 할 수 있다. 안전의식의 부재는 철저한 안전진단 및 관리와 관련된 시스템이 제대로 작동하지 않았음을 의미하며, 그와 동시에 해당 위험이 발생하기 전 사전에 충분히 예방 가능하였음을 시사한다.

대부분의 사건사고는 단적으로 '인재(人災)'와 무관하지 않다. 안전

---

25) 박미숙(2012). 후기현대사회의 위험관리를 위한 형법 및 형사정책연구(I): 현대위험사회와 법치국가형법. 한국형사정책연구원.
26) 송해룡(2017). 위험사회 한국과 리스크 커뮤니케이션: 안심사회 구현을 위한 성찰적 과제. 성균관대학교 위험커뮤니케이션연구단.
27) 김찬원, 김원제(2015). 안심지수의 개발 및 적용. 한국사회과학연구(SSK) 세미나 발제문.

관리 미숙, 안전의식 부재, 도덕/안전불감증 등이 대형사고를 초래한다.

대구지하철 화재사고(2003년), 세월 호 사건(2014년), 메르스 대유행(2015년), 가습기 살균제 사망사건(2016년), 제천 화재참사(2017년) 등은 전형적인 인재에 의해 발생한 사건사고이다. 위험관리 주체들(정부나 기업 등)은 '평상시 위기관리 체제의 구축을 통한 안전'을 강조하지만, 계속해서 재발되는 대형 사건사고, 초동대처 미비, 컨트롤 타워의 부재, 위험관리 주체의 책임부인이나 전가 등 변하지 않는 일관된 모습은 국민들의 걱정과 불안을 가중시킨다. 이에 따라 위험관리 주체들과 전문가들이 부르짖는 '안전'은 역설적으로 안전과는 거리가 먼 모습을 보여주고 있으며, 그러한 모습을 바라보는 국민들은 상대적으로 '거짓, 불안, 불신'으로 이어지고 있는 형국이다.

안전점검이나 시스템의 개선은 모두 관련 영역의 전문가에 의해 이루어진다. 현대사회의 다양한 위험을 해석하고 평가하며, 예측하는 것은 전문가의 영역이며, 전문가에 대한 의존은 필수적일 수밖에 없다. 현대사회 대부분의 위험영역은 전문적 지식을 바탕으로 한 영역이기 때문에 특정 위험이 발생하거나 발생할 가능성이 있을 경우에 국민들은 해당 분야 전문가의 안전조치를 믿고 따를 수밖에 없다.

그러나 정부를 포함한 전문가의 다양한 안전평가나 조치는 국민들의 불안감을 잠재울 수 없다. 전문가가 주장하는 '안전'은 수치나 데이터, 확률에 의한 객관적 평가이지만, 국민의 불안감은 사건사고에 대한 주관적 평가28)에 기초하기 때문이다.

---

28) Kellens, W., Zaalberg, R., Neutens, T., Vanneuville, W., & Maeyer, P. D. (2010). An analysis of the public perception of flood risk on the Belgian coast. *Risk Analysis, 31*(7), 1055-1068.

따라서 국민들의 주변에서 반복되는 사건사고, 끊임없이 발생하는, 그리고 목도되는 위험들은 전문가의 객관적 위험평가보다 훨씬 큰 파급력을 지닌다. 그러므로 국민들이 주관적으로 느끼는 불안은 전문가의 수치나 데이터, 확률 등을 통한 안전으로는 대처할 수 없는 영역이다.

이러한 사례는 여러 사건들에서 확인할 수 있는데, 대표적으로 광우병 사태(2008년)나 신종 플루(2009년), 어린이 집 보육교사의 유아폭행사건(2015년)을 들 수 있다.

- 우리나라에서 2008년에 광우병 논쟁으로 인해 국민주도의 촛불시위가 유발되어 먹을거리의 안전성을 의심, 미국과의 쇠고기 수입 관련 재협상을 요구하였고, 이로 인한 엄청난 사회적 혼란과 갈등, 비용 등을 초래함

- 2009년 전 세계를 강타한 신종플루로 인해 국내에서 유사/의심환자 증가, 백신의 부족과 효과성에 대한 의문, 신종백신 개발 불투명, 각종 유언비어 난무 등으로 많은 국민들이 불안과 공포감을 경험.

- 2015년 1월 인천 어린이 집 보육교사의 유아 폭행 사건 이후, 많은 학부모들이 어린이 집 내에 CCTV 설치를 주장하는 의견이 빗발쳤다. 유아 폭행 사건이 발생했던 해당 어린이 집은 보건복지부의 정부 평가에서 우수기관으로 지정된 바 있어 학부모들의 정부와 보건복지부 등 위험관리 주체들에 대한 불신과 충격이 매우 컸음

이들 사건들의 공통점은 위험관리 주체들이 수치나 데이터 등의 객관적 데이터를 통해 안전함을 강조하거나 또는 안전실태 점검 등을 통해 그 '안전성'을 확인하였다고 발표했음에도 국민들의 불안과 불신이라는 반응만 초래하였다는 점이다. 특히, 특정 사건사고의 경우에 위

험관리 주체들에 대한 국민의 불안과 불신은 자칫 사회적으로 공포의 확산을 가져와 커다란 사회적 혼란을 유발할 수도 있다. 그러므로 위험관리 주체들의 '안전성 평가'는 현재 국민의 불안을 낮추는데 그 기능을 제대로 수행하지 못하고 있으며, 오히려 불신만을 키워 공포와 같은 사회적 혼란으로 확대 재생산되는 모습을 여러 차례 보여주었다.

정부를 포함한 전문가가 나서서 아무리 안전하다고 주장해도 공중은 안심하지 못한다. '안전'은 전문가가 판단하지만 '안심'은 공중이 판단하기 때문이다. 촛불시위와 수많은 국민들의 불안과 공포를 유발했던 광우병 논쟁, 신종플루 등 전술한 일련의 사태들은 '안전(safety)'의 문제가 아닌 '안심(relief)'의 문제라고 할 수 있다.[29] 그러므로 한국 사회의 전반적 위험관리 체제에서 요구되는 것은 '안전'만을 강조하는 풍토에서 벗어나 국민의 '안심'을 고려한 접근이 요구되는 것이다.

---

29) 송해룡, 김원제, 조항민, 박성철(2015a). 한국 실패사례에서 배우는 리스크 커뮤니케이션 전략. 서울: 커뮤니케이션북스.

정부와 전문가는 안전을 강조하고, 일반 사람들은 안심을 원한다

전문가는 통계적 데이터나 수치를 통해 위험을 평가하고 비교한다. 이른바 과학적 방식을 적용한 평가이다. 이를 통해 정부나 전문가는 '안전 합니다'라고 주장 한다 (이른바 '안전성 평가'가 이루어진 셈이다).

그리고 기분 나쁠 수도 있겠지만, 정부나 전문가의 '안전 합니다'라는 말은 "해당 분야에 전문적 지식을 가진 사람들이 과학적으로 평가한 것이니까, 아무것도 모르는 여러분들은 그저 이용만 하세요"라는 말이 내포되어 있다. 이른바 '무지한 대중'이 되는 것이다.

그런데 사실 반박할 논리가 없다. 가령, 새로 개발된 항공기에 대한 안전성 평가가 모두 이루어져 안전하다고 주장하는 사람들이 있다고 가정해보자. 그들은 다음과 같이 얘기할지도 모른다.

> "항공기 시스템, 서브시스템, 부품에 대한 감항성 승인을 마쳤고, 규격적합검증을 통해 항공기 성능, 그리고 서브시스템 수준에 대한 규격적합 검증 프로세스에서는 서브시스템 수준에 대한 규격 요구조건을 규정하였고, 초도품 승인프로세스에서는 대상 제품이 해당 프로세스 및 절차에 따라 제작되었는지 확인하고, 제작된 부품이 규정된 운영 조건에서 성능 요구조건이 부합하는지 확인하였다."

과연 무슨 말일까? 일단은 뭔가를 검사한 것 같기는 한데, 구체적으로 무엇을 검사했는지, 그리고 왜 안전한지 도저히 감을 잡을 수 없다. 그리고 그들은 "이상의 안전검사를 통해 새로 개발된 항공기가 안전하며, 정상 운항하는데 아무런 문제가 없다"라고 할 것이다.

그런데 이들에게 "100% 안전합니까?"라고 물어봤을 때, "100% 안전 합니다"라고 장담하는 사람은 단 한명도 없다. 왜냐하면 그들도 돌발적인 사고나 잠재적 사고 위험에 대해 인식하고 있기 때문이다.

예컨대, 부품을 예로 들어보자. 항공기를 제작하기 위해서는 다양한 부품이 있어야 한다. 이러한 부품이 100% 완벽하다고 누가 단언할 수 있을까? 부품의 결함은 사전에 인지할 수 있는 것이 아니라 어떤 사고가 발생한 이후에나 부품에 결함이 있다는 사실을 알 수 있다.

독자들은 항공기가 어떤 문제로 인해 회항했다는 사실을 간혹 뉴스를 통해 들어보았을 것이다 (번개나 태풍으로 인한 회항은 논외로 친다. 그리고 땅콩 회항도 논외이다). 그리고 조사결과 '항공기 운행시간이 증가할수록 어떤 부품에 금이 가는 현상이나 혹은 부품결함이 발견되었다'라는 식의 뉴스를 최소한 한번쯤은 접해봤을 것이다.

이처럼 부품의 결함은 당장에 확인할 수 있는 것이 아니라 시간이 필요한 부분이다. 설사 안전하다고 하더라도 어떤 외부적 요소에 의한 돌발적 상황이 발생할 수도 있다. 새가 날아와 엔진에 빨려 들어갈 수도 있고, 번개에 맞아 시스템 오류를 일으킬 수도 있다.

이러한 사실은 항공기개발 전문가들도 잘 알고 있다. 그래서 그들은 역설적이게도 "안전에 문제없습니다."라고 얘기하면서도 100% 확신을 하지 못하는 것이다.

여기서 역설이 존재한다. 해당 전문가들은 안전을 강조하지만, 일반 사람들은 안심하지 못한다. 마치 흔하게 발생하는 교통사고보다 발생확률이 거의 제로에 가까운 항공기 사고에 대해 더 큰 불안감을 갖고 있듯이 말이다. 이것은 전문가들이 강조하는 안전의 문제가 아니며, 사람들에게는 '안심'의 문제로 인식되는 것이다. 저자도 어쩌다 한번, 그리고 어쩔 수 없을 때만 비행기를 탄다. 왜냐하면 불안하기 때문이다.

교통사고는 그나마 살 확률이 있으나, 항공기 사고는 살아날 확률이 항공기의 안전성만큼이나 제로에 가깝다 (이 또한 역설이다. 사고 발생 가능성이 제로에 가까운데, 사고가 나면 살아날 확률 역시 제로라니).

이러한 점이 바로 정책입안자들이나 소위 위험전문가들이 갖고 있는 한계이다. 일반 사람들은 '안심'을 원하지만, 정책입안자들이나 전문가들은 '안전'만을 강조한다. 안전과 안심은 명백한 차이가 있음에도 안전만을 강조하는 것이다.

그리고 안전은 지식의 문제일지도 모르지만, 안심은 지식의 문제가 아니다. 오히려 지식과의 관련성이 낮다고 볼 수 있다. "아는 것이 병"이라는 말이 있다. 때에 따라서는 모르는 것이 약일 수도 있다는 의미이다. 의사로부터 암이라는 통보를 받은 사람이 있다고 치자.

의사가 환자에게 "당신은 암으로 인해 살 수 있는 날이 1개월 미만입니다. 마음의 준비를 하십시오"라고 얘기한 것과 "당신은 비록 암 말기이지만, 꾸준히 치료하고, 살 수 있다는 믿음을 버리지만 않는다면, 회복할 수 있습니다"라고 말하는 것에는 커다란 차이가 있다. 환자 입장에서 받아들이는 의미가 달라질 수 있다는 것이다.

물론 극단적인 예일 것이나, 의사가 동일한 상황에 대해 어떻게 말하느냐에 따라 환자의 마음가짐은 달라질 수 있다 (그래서 의사가 환자와 어떻게 소통하는가의 문제가 중요해진다. 의사는 환자에게 정확한 정보를 전달하되, 희망도 동시에 주어야 한다. 의사가 주는 그 희망이라는 것은 환자에게는 '최소한 당신을 포기하지 않겠다'라는 또 다른 의미로 다가오기 때문이다. 내가 아는 형님이 한 분 계시는데, 00대의대 교수이자 호흡기 관련 내과 의사이기도 하다. 그 형님이 나에게 이런 말을 했었다. '환자가 단 0.1%의 살 가능성이라도 있다면, 의사는 결코 그 환자를 포기해서는 안 된다. 왜냐하면 환자에게 유일한 희망은 의사이기 때문이다'). 사람들은 심리적으로 죽을 상황이라고 하더라도 희망적인 얘기를 듣길 원한다. "지프라기라도 잡고 싶은 심정" 때문이다.

따라서 위험은 심리적인 문제이기 때문에 정부나 전문가가 안전을 강조하는 것은 일반 사람들에게 별 의미가 없다.

그래서 정부나 전문가 중심의 안전이 아니라 국민 중심의 안심으로 가야 한다. 즉, 지금의 위험관련 정책은 안전이 아니라 안심으로 전환해야 하다는 의미이다. 어떻게 하면 국민이 보다 안심하고 살 수 있는가의 문제를 고민해야 한다.

안전 확립이 곧 안심이라는 논리는 이제 폐기해야 한다. 어떤 대상에 대해 합리적인 조치를 취했으므로 안전하다는 의미는 그럼에도 어떤 사건사고가 발생했을 때, 어떻게 해석해야 하는가의 문제를 유발할 수 있다. 그때 가서 "어쩔 수 없는, 인력으로는 안 되는, 하늘의 뜻이야"라고 할 것인가?

사람들이 모르는 위험 심리

1. 사람들은 왜 위험을 지각하지 못하는가?

사람들이 위험을 지각하는 방법

보통 사람들은 어떤 대상(사물이나 사람)을 바라보고, 그 대상이 무엇인지를 파악하는 과정을 거치게 되는데, 이 과정을 지각(知覺)이라고 한다.

즉, 어떤 사물의 전반적인 외관을 보면서 '저건 비교적 네모났고, 바퀴도 달렸으며, 앞면에 커다란 창이 있고, 양쪽에는 각 두 개씩해서 총 4개의 문이 있으며, 앞부분에는 라이트가 달려 있고, 알파벳 H모양이 약간 우측으로 비틀어져 있네'라고 하는 것이 지각이라고 볼 수 있다.

그러므로 어떤 대상에 대한 외관을 파악하는 과정이 곧 지각이다. 하지만, 이러한 지각과정은 순식간에 일어나며, 우리는 어떤 대상을 보고, 바로 그것이 무엇인지를 파악할 수 있다. 예를 들면, 자동차를 바라보면서 '저건 자동차구나'라고 판단할 수 있는 이유는 학습과 경험을 통해 그것이 자동차임을 알고 있기 때문이다.

그래서 우리는 특정 대상을 지각하는 순간 자동차임을 떠올리게 되는 것이다. 여기서 지각이라는 것 이외에 또 하나의 개념이 등장한다. 지각과정을 통해 외관을 파악하고, 순식간에 자동차라고 파악하는 과정을 인식 (認識)이라고 한다. 즉, 인식이라는 하는 것은 그 대상의 이름이 무엇이고, 어떤 용도로 쓰여 지는지를 이해하는 것이라고 볼 수 있다.

이처럼 어떤 대상이 무엇인지를 파악하는 과정은 지각과 인식을 통해 결정된다. 그런데 간혹 어떤 대상을 바라볼 때, 그 대상의 외관이나 형상이 어떠한지는 시력상의 문제가 아닌 이상 파악 가능하지만, '어? 저게 뭐지?' 하는 경우가 있다.

이는 그 대상에 대한 학습이나 경험이 없기 때문에 이른바 '무엇에 쓰는 물건인고?'라는 말이 나올 수밖에 없는 것이다. 예를 한번 들어보자. 우리가 조선시대로 돌아갔다고 치자.

조선시대에 살고 있는 사람들에게 TV를 보여준다면, 그 시대 사람들은 TV의 외관에 대해 '네모난 모양에, 딱딱하고, 우측에는 뭔가 누르는 것이 있고' 등 외관이나 형상에 대해 얘기를 할 순 있어도 (지각과정) 그것이 TV인지, 그 용도가 무엇인지에 대해서는 전혀 알 수가 없다.

TV에 대해 생소하고, 전혀 들어본 바 없기 때문이다(인식과정). 이른바 TV에 대한 학습과 경험이 없기 때문에 TV가 무엇인지를 인식할 수 없는 것이다.

따라서 사람들이 어떤 대상에 대해 인식을 한다는 것은 기본적으로 학습과 경험이 있기 때문에 가능한 일이다. 만약 학습과 경험이 없다면, 우리는 대상의 외관이나 형상만 파악할 수 있는 것이다. 위험의 경우에도 마찬가지이다.

우리는 지각과 인식과정을 거치면서 특정 대상이 위험한지 혹은 위험하지 않은지를 파악할 수 있다. 예를 들어, 자전거가 도로 위를 달리고 있다고 가정해보자.

그런데 자전거가 달리는 방향으로 한 아이가 갑자기 튀어나오는 모습을 보고 있다면, 아마도 '어~어~위험한데, 부딪치겠어?'라는 말이 자연스럽게 흘러나올 것임에 틀림없다.

이는 누군가가 굳이 가르쳐주지 않아도 자전가가 달리는 방향과 아이가 갑자기 튀어나오는 방향이 서로 교차할 경우에 자전거와 아이가 충돌할 가능성이 높다는 것을 느끼기 때문이다.

이러한 판단은 우리의 지각과 인식과정을 거쳐 자연스럽게 이루어지며, 누구나 위험하다는 사실을 파악할 수 있다. 우리가 위험하다고 느끼는 것은 사고가 날 가능성이 있다고 판단하기 때문이며, 사고가 날 가능성이 높다고 느낄수록 그것에 비례하여 위험하다고 느끼는 정도도 높아진다.

앞서의 예를 좀 더 진행시켜보자. 자전거와 아이가 막 충돌하려고 한다. 자전거가 브레이크를 잡거나 핸들을 다른 쪽 방향으로 돌리는 것은 불가능해 보인다. 그 장면을 보고 있는 사람들 중 어떤 사람은 차마 충돌 장면을 볼 수 없어 고개를 돌린다.

사람들이 막 충돌이 일어나는 장면에서 고개를 돌리는 이유는 무엇일까? 이는 자전거와 아이가 충돌할 것이라 확신하고, 차마 그 장면을 볼 수 없기 때문이다. 이처럼 어떤 상황을 보고, 위험하다고 느끼는 이유는 지각과 인식이라는 과정을 거치기 때문이다.

우리는 지각과 인식을 통해 어떤 상황을 파악하고, 그에 따라 해당 상황이 위험한지 혹은 위험하지 않은지를 인식하게 되는 것이다. 이를 학술적 용어로 '위험인식(risk perception)' 또는 '지각된 위험(perceived risk)'이라고 부른다 (여기서는 위험인식이라고 지칭하기로 한다).

위험인식은 어떤 대상에 대해 주관적으로 위험하다고 느끼는 정도를 말한다.

그런데 여기서 '주관적으로(subjectively)'라는 용어에 주목할 필요가 있다. '주관적으로'라는 것은 지극히 개인적인 느낌이다. 그렇기에 어떤 상황에 대해 모든 사람들이 일률적으로 위험하다고 인식하지 않는다. 동일한 상황에서 어떤 사람은 위험하다고 인식할 수도 있지만, 또 어떤 사람은 위험하지 않다고 인식할 수도 있기 때문이다. 사람마다 자라온 환경이 다르고, 그에 따른 경험도 다르며, 지식수준도 다르기에 생각이나 느낌이 다를 수밖에 없다.

그래서 사람들은 동일한 대상을 바라보고 있다고 하더라도 그에 따른 느낌이나 생각이 다르듯, 어떤 상황을 보고 위험하다고 인식할 수도 있고, 혹은 위험하지 않다고 인식할 수도 있는 것이다.

그리고 위험하다고 인식하는 정도도 다르게 나타난다. 즉, 어떤 사람은 약간 위험하다고 인식할 수는 반면에 어떤 사람은 매우 위험하다고 인식할 수도 있는 것이다.

이와 같이 사람들은 주관적으로 위험을 인식하기 때문에 동일한 상황이라고 하더라도 사람마다 받아들이는 위험정도는 다르게 인식된다.

위험인식이라는 이름의 함정

사람들은 보통 어떤 대상이나 상황이 위험하다고 인식할 때, 그 위험에 대처하거나 벗어나고자 하는 행동을 하게 된다.

위험으로부터 벗어나고자 하는 행동은 모든 사람들의 공통적인 속성일 것이다. 위험한 상황임에도 불구하고 아무런 행동을 취하지 않는 사람이라면, 최소한 정상적인 사람은 아닐 것이다.

이와 같이 사람이라면 누구나 위험한 상황임을 인식하게 되면, 그 위험으로부터 벗어나거나 피하려는 행동을 하게 되는데, 이것을 거창하게 전문적 용어로 말하자면 '위험회피 행동'이라고 부른다. 이러한 위험회피 행동은 자신을 어떤 외부의 자극, 즉 위험으로부터 보호하고자 하는 인간의 본능에서 나온다.

그러기에 위험회피 행동은 인간의 본능적 행동이기도 하다. 우리는 어떤 외부적 자극에 의해 순간 '움찔 움찔'하기도 한다. 누군가가 주먹으로 자신을 치려고 할 때, 우리는 거기에 따라 방어행동을 하게 된다.

누군가가 위험에 처해있을 때, 그 사람을 구하고자 하는 행동은 이성이 본능을 이긴 경우에 발생한다. 우리는 어렸을 때부터 위험에 처한 누군가를 당연히 도와줘야 한다고 교육받지만, 위험으로부터 벗어나고자 하는 본능을 억누르고, 자신 역시 위험에 처할지도 모르는 상황을 감수한 체 누군가를 구하려는 행동은 쉽게 할 수 있는 행동이 아니다.

그래서 이런 사람은 '위대한 사람' 또는 '의로운 사람'인 것이다. 하나의 예를 들어보자. 한 쌍의 남녀가 오붓하게 데이트를 즐기고 있다.

그런데 불량배로 보이는 녀석들(?)이 다가와 데이트를 즐기는 연인들에게 시비를 건다. 그리고 남자는 그런 상황을 모면하기 위해서 여자만 남겨둔 체 혼자 도망을 친다 (드라마나 영화에서 보면, 이러한 장면들이 많이 나온다. 그리고 한 가지 반전이 일어날 수도 있다. 불량배들이 혼자 도망친 녀석을 보면서 어처구니 하는 모습을 보이다가 오히려 여자를 위로하는 장면, 정말 반전이 아닐 수 없다).

이것은 분명히 위험으로부터 자신을 보호하기 위한 행동으로, 어떻게 보면 본능에 충실한 행동이다. 우리는 분명히 여자만을 남겨둔 체 자기 혼자 도망친 나쁜 녀석이라고 비난할 것이지만, 이러한 비난은 도덕적, 윤리적 측면에서의 평가에 기초한 것일 뿐이다. 솔직히 어느 누구도 혼자 도망친 남자를 비난할 수는 없다.

그 사람의 행동은 자신을 보호하기 위한 행동일 뿐이기 때문이다. 위험으로부터 자신을 보호하기 위한 행동이 마냥 나쁠 수만은 없는 것이다 (하지만 그 행동으로 인한 여파는 크다. 일단은 여자에게 차일 가능성이 매우 높을 테고, 그 여자의 기억 속에 평생 자기 혼자 살겠다고 도망친 녀석으로 기억될 테니 말이다. 혹시라도 독자들에게 그런 상황이 발생하면, 솔직히 맞서서 싸우라고 얘기하지는 못하겠다. 그냥 으쓱하거나 사람이 별로 없는 곳에서 데이트를 즐기지 말고, 사람이 많은 곳에서 데이트를 즐기는 편이 낫다. 아예 위험할지도 모르는 상황을 원천부터 봉쇄하는 것이 속 편하다).

앞에서 전술한 상황은 하나의 예일 뿐, 실제로 이보다 훨씬 더 극단적인 상황은 많다. 자신의 목숨이 위태로울지도 모르는 상황에서 자신의 희생을 감내하고서라도 누군가를 구하려는 행동은 정말 쉽게 나올 수 있는 행동이 아닌 것이다.

우리 주변에는 위험에 처한 사람을 구하기 위해 기꺼이 자신을 희생하는 분들이 많이 있다. 경찰이나 소방관, 군인 아저씨 등이 그렇다.

그것이 직업이든 의무이든 떠나서 누군가를 위해 자신을 희생할 수 있는 행동은 아무나 쉽게 할 수 있는 행동이 아니다. 우리는 그 분들에게 항상 감사하는 마음을 가져야 한다.

미국의 경우에 참전용사나 상이용사가 같은 비행기에 타고 있을 경우에 항상 기장이 그 사람들을 승객들에게 소개하고, 승객들은 그 사람들에게 따뜻한 박수와 감사한 마음을 전한다. 국민을 보호하고, 나라를 지키기 위해 자신을 희생한 분들에 대한 감사의 의미이다 (그들이 참전한 전쟁이 비록 정치적 논리에 의해 벌어진 추악한 전쟁이라고 할지라도 실제 전쟁에 참여한 참전용사나 상이용사는 추악한 정치적 논리나 그것을 조장한 정치인과 같은 취급을 받아서는 안 된다. 왜냐하면 참전용사나 상이용사들은 최소한 가치판단에 의해 참전한 것이 아니라 그 진실의 여부를 떠나서 누군가를 지키고 보호하고자 하는 신념과 자기희생에 의해 참전한 것이기 때문이다. 우리도 경찰이나 소방관, 군인 아저씨들에게 감사하는 마음을 가지고, 그들을 보면 '고맙다'고 박수쳐줄 수 있는 의식의 변화가 필요하다. 최소한 그들에게 만큼은 어떤 정치적 잣대나 논리로 평가하고 판단하지 말았으면 한다).

각설하고, 인간의 위험회피 행동은 본능에 의한 행동이기도 하거니와 위험을 피하고자 하는 의식적 행동이기도 하다.

그런데 우리가 위험을 회피하기 위해서는 무엇이 선행되어야 할까? 그것은 바로 위험인식이다.

다시 말해서, 위험하다고 느껴야 위험을 피하기 위한 행동을 할 것이 아닌가? 위험하다고 인식하지 않을 경우에는 그 어떤 사람도 위험에 대처하거나 회피하고자 하는 행동을 하지 않는다.

위험 자체를 인지하지 못하는데, 어떻게 그 위험을 회피하려는 행동이 나오겠는가? 그래서 위험인식이 매우 중요하다. 위험으로부터 벗어나고자 하는 회피행동이 나타나기 위해서는 반드시 위험을 인식하고 있어야만 가능한 일이다.

예를 들어, 길거리를 가고 있다가 우연히 운동장에서 날라 온 축구공에 맞았다고 가정해보자.

당연히 아플 것이다. 왜 피하지 못했을까? 당연히 축구공이라는 위험요소를 사전에 인식하지 못했기 때문이다. 그리고 모르고 있는 상태에서 맞는 축구공은 알고 있는 상태에서 맞는 것보다 훨씬 더 아프다. 왜냐하면, 사람들의 보호본능 때문이다.

축구공이 자신에게 날라 오고 있다는 사실을 알게 되면, 당연히 위험스러운 상황에서 벗어나기 위해 축구공을 피하겠지만, 피하기에는 늦었다고 판단된 순간 자동적으로 긴장하게 되고, 몸을 보호하기 위해 최대한 움츠리게 된다. 그리고 마음으로 그 충격에 대비한다. 물론 아프기야 하겠지만, 모르고 있는 상태에서 맞는 것보다 훨씬 덜 아프다.

이처럼 어떤 위험으로부터 벗어나거나 대처하기 위한 위험회피 행동은 먼저 위험인식이 있어야 가능한 행동이다. 평상시 우리가 조심스럽게 행동하는 이유도 발생할지도 모르는 위험에 대비하기 위한 행동으로, 이 역시 스스로가 조심하지 않으면 위험이 자신에게 발생할지도 모른다고 인식하기 때문이다.

이러한 이유로 사람들의 위험인식은 곧 위험으로부터 벗어날 수 있는 핵심요소이기도 하다. 하지만 문제는 여기에서 발생한다. 과도한 위험인식은 때로는 사람들의 정상적인 생활을 방해한다. 예컨대, 과대 망상이나 불안장애, 혹은 이상 공포증을 겪게 될 테니 말이다. 이런 일이 있었다. 나는 현재 마포의 한 오피스텔에서 거주하고 있는데, 어느날 오피스텔 안내 방송을 통해 다음과 같은 안내멘트가 흘러나왔다.

> "오피스텔과 아파트 주민 여러분들께 안내 말씀드립니다. 오늘 오후 OO시에 탁상 스탠드가 편의점 쪽으로 떨어져 지나가던 행인이 다칠 뻔 한 사건이 있었습니다. 현재 경찰이 조사 중에 있습니다. 입주민 여러분들께서는 이와 같은 사건이 재발되지 않도록 각별히 유념해주시기 바랍니다."

그때 이후로 나는 편의점으로 물건을 사러 갈 때, 혹시 그때처럼 어떤 물건이 떨어지지 않을까 하는 두려움에 오피스텔이나 아파트 쪽을 올려보는 버릇이 생겼다. 어쩔 때는 "이것이 뭐하는 짓인가? 내가 미쳤나? 왜 이러지?, 설마 또 떨어지겠어?" 하는 생각에 너무 과민 반응하는 것이 아닌가 하는 생각이 들어 애써 오피스텔이나 아파트를 올려보지 않으려고 했지만, 나도 모르게 편의점을 갈 때마다 올려보는 나를 어쩌지 못했다. 사실 지금도 편의점을 갈 때 마다 오피스텔이나 아파트를 올려다보곤 한다. 여전히 내 머리 속에서 그때의 그 일에 대한 두려움에서 내 자신을 떨쳐버리지 못하고 있는 것이다.

눈에 보이지 않는 위험

모든 위험이 눈에 보이는 것은 아니다. 당연히 위험이 눈에 보인다면 위험인식이 형성될 것이고, 그러면 위험을 회피하기 위해 행동을 보다 신중하게 하거나 그 위험으로부터 벗어나기 위한 어떤 행동을 취할 테니 말이다.

하지만 애석하게도 모든 위험 자체가 항상 우리의 눈에 보이는 것은 아니기에 우리가 인식하지도 못하고 있는 상황에서 부지불식간에 위험스런 상황에 놓이게 되거나, 그 위험을 벗어나지 못하고 부상을 당하거나 심지어는 죽음으로 이어질 수 있다.

하나의 예를 들어보자. 우리는 파란불이 들어올 때, 도로를 건넌다. 이건 하나의 약속이다. 파란불일 때는 자동차가 멈춰서고, 빨간불일 때는 사람이 도로를 건너지 않고 파란불이 들어올 때까지 기다린다.

이러한 행동은 교통사고로 이어질지도 모르는 상황을 사전에 방지하기 위한 약속된 행위이다. 하지만 종종 파란불일 때, 도로를 건너던 사람이 교통사고를 당하기도 한다.

이는 운전자가 어떤 부주의로 인해 약속된 행위를 지키지 않은 것에서 비롯된다 (혹은 그 반대의 상황일 수도 있다).

우리의 삶을 편리하게 해준 과학기술의 이기(利器)가 어느 순간 위험으로 변모한 것이다. 이것은 여러 가지 의미를 내포하고 있다. 다시 말해서, 나만 교통신호를 잘 지킨다고 해서 사고가 발생하지 않을 것이라고 믿는 것은 어리석은 생각이다.

나는 약속(교통신호)을 지켰지만, 상대방이 약속을 지키지 않으면 사고로 이어지는 것이 바로 교통사고 위험이다 (그래서 도로를 건널 때는 파란불이라고 안심하지 말고, 주의를 잘 살펴보면서 건너는 습관이 필요하다. 우리는 도로를 건널 때, 아이들에게 건너기 전에 반드시 양쪽을 잘 살피고, 오른 손을 들어서 건너라고 가르친다. 이는 예기치 못한 사고를 사전에 막기 위한 조치이다. 아마도 우리 어른들에게도 필요한 행동인 것 같다. 간혹 보면, 파란불이라고 안심하고, 주위를 살피지도 않고, 무작정 뛰어 건너가다가 사고가 날 뻔 사람들을 간혹 목격한다. 아무 생각 없는 행동이 때로는 위험천만한 상황을 만들기도 한다. 우리 어른들 제발 각성좀 하자).

이런 이유로 생활의 편리성을 가져다 준 다양한 문명의 이기(利器)들이 나의 부주의함으로, 혹은 타인의 부주의로 인해 언제든지 사고로 이어질 수 있는 잠재성을 가지고 있다. 즉, 일상적으로 편리한 세상을 가져다 준 이기들이 어느 한 순간 위험으로 변모하는 것이다.

이처럼 우리 주위에는 눈에 보이지 않는 수많은 위험들이 존재한다. 그리고 아이러니하게도 그러한 위험들은 우리의 일상적인 생활 영역과 매우 밀접하게 관련되어 있다.

교통사고 위험은 항상 자동차들이 도로 위를 빠르게 달리고 있으니까 그나마 눈에 보이는 위험, 즉 현실적 위험으로 인식될 수 있다.

하지만 성수대교가 붕괴할 것이라고 생각해본 적이 있는가? 혹은 삼풍백화점이 무너질 것이라고 생각해본 적이 있는가?

단연코 '없다'고는 말할 수 없을지라도 솔직히 자주, 그리고 심각하게 생각해본 적은 없을 것이다. 왜냐하면 현실적 위험으로 인식하지 않기 때문이다. "재수 없으면 저 건물이 무너질지도 몰라"라고 생각한 적은 있을지라도, 그런 생각을 해놓고 아무 거리낌 없이 방금 '무너질지도 모른다'고 생각한 건물 안으로 들어가 버린다.

쉬운 말로 얘기하자면, 피부로 와 닿지 않는다고나 할까? 가스(Gas)의 예를 들어보자. 가스는 추운 겨울에 방을 따뜻하게 하고, 뜨거운 물로 샤워를 할 수 있게 해주는 과학기술의 이기이기도 하다.

내가 어렸을 적에 가스가 어디 있겠는가? 그때 당시의 난방은 연탄이었고, 연탄으로 물을 데워서 그것으로 얼굴을 씻고, 머리를 감았다.

연탄을 경험해보지 못한 세대들, 그리고 가스의 편리함에 익숙해 있는 세대들은 연탄을 사용하는 시대로 돌아가서 살라고 하면 엄청난 불편함을 호소할 것이다.

이렇듯 가스는 이제 우리의 생활에서 없어서는 안 될 필수적 요소가 되었다. 가스를 공급하는 가스공사와 가정 간에는 가스관으로 연결되어 있어서 우리는 언제, 어느 때나 편리하게 이용할 수 있다. 그리고 매번 가스검침이 나오고, 가스의 누출 여부를 확인한다.

커다란 상가 건물이나 오피스텔, 아파트의 경우에는 각 가정에 가스누출 경보기가 있어서 가스가 조금이라도 누출되면, 경보가 발령하여 발생할지도 모르는 가스폭발 사고를 미연에 예방하는 역할을 수행한다.

가스 사고를 예방하기 위한 안전대책이 세워져 있는 것이다. 그래서 사람들은 자신에게 가스사고가 발생할 것이라고 생각지 않는다. 어떻게 보면, 아예 의식 자체를 하지 않고 살고 있다고 보는 것이 맞을 것이다. 물론 사람들은 가스사고가 발생하지 않도록 주의를 기울이기는 한다.

군이 건물붕괴와 비교하면, 건물붕괴보다는 가스사고가 보다 현실적인 위험일 테니까 말이다. 그래도 가스누출을 걱정하여 밤잠을 못자거나 매일같이 가스 누출이 있는지 확인하는 사람들은 거의 없다.

이 또한 현실적 위험으로 받아들이는 정도가 낮기 때문이다. 이처럼 우리들 주변에는 생각지도 못했던 편리성 수단들이 한 순간 위험으로 변모할 수 있음에도 사람들은 그것을 위험으로 인식하지 않는다. 오히려 의식 자체를 하지 않는다.

바로 현실적 위험으로 인식하지 않기 때문이다. 따라서 현실적 위험으로 받아들일 때, 사람들의 위험인식이 형성되는 것이다. 그래서 눈에 보이는 위험은 현실적인 위험으로 인식되나, 눈에 보이지 않는 위험은 현실적 위험으로 받아들여지지 않는다.

마치 "저 건물 무너질지 몰라"라고 하면서도 그 건물을 자연스럽게 들어가는 사람들처럼 말이다.

2. 나와는 거리가 먼 위험

잠재적 위험인식과 현실적인 위험인식

사람들은 위험을 현실적 위험으로 받아들일 때, 보다 높은 위험인식을 형성한다. 즉, 주관적으로 위험하다고 느끼는 정도가 더욱 커지는 것이다.

그렇다고, 현실적 위험으로 받아들이지 못하면 아예 위험인식이 형성되지 않는다고 볼 수도 없다. 그 이유는 굳이 자신이 직접 경험을 하지 않더라도 교육과 학습을 통해서 배우기 때문이다.

"먹어봐야 똥인지 된장인지 알 수 있나?"라는 말이 있다. 굳이 자신이 경험하지 않더라도 우리는 어떤 대상이 위험한지, 혹은 어떤 상황이 위험한지를 이해할 수 있다.

굳이 현실적 위험을 경험해서 위험인식이 형성되지 않더라도 교육과 학습을 통해 위험인식이 형성되기도 한다.

다만, 위험인식의 정도에서는 차이가 있을 수 있다. 내가 직접적인 경험을 통해서 현실적으로 위험을 받아들일 때, 위험하다고 인식하는 정도가 더욱 클 수밖에 없다. 교육이나 학습에 의한 것은 직접적인 경험이 아니라 간접적인 경험이기 때문에 현실적인 위험으로 받아들여지는 정도가 직접적인 경험보다는 떨어질 수밖에 없다.

예를 들어, 어떤 끔찍한 사고현장을 신문이나 TV를 통해 읽거나 보는 것과 내가 현장에서 직접 보는 것과는 엄연히 다르다.

그 처참함을 받아들이는 정도가 다르게 나타날 수밖에 없는 것이다.

전쟁도 그렇지 않은가? 전쟁을 직접 경험한 사람만이 그 참혹함을 이해할 수 있는 것이지 전쟁을 경험해보지 못한 사람은 절대로 전쟁의 참혹함을 느낄 수 없다.

이것이 직접적으로 경험한 것과 간접적으로 경험한 것의 차이이다.

단지 우리가 직접 경험하지 않고도 전쟁의 참혹함을 이해할 수 있는 이유는 바로 교육과 학습의 효과이다 (교육과 학습의 효과는 간접적 경험이다. 직접적으로 경험하지 않고, 책이나 신문, TV, 또는 타인과의 대화를 통해 형성된 경험이다).

하지만 그 참혹함을 머리로서 이해하는 것이지, 마음으로 느끼는 것은 아니다. 그러므로 어떤 대상이나 상황에 대한 직접적인 경험은 현실적 위험을 높이지만, 간접적 경험은 직접적 경험보다 현실적 위험으로 받아들이는 정도가 낮다.

각설하고, 사람들은 교육과 학습을 통해 직접 경험을 하지 않더라도 특정 대상이나 상황에 대한 위험인식이 형성된다. 아직은 직접적인 경험을 통해 형성된 것이 아니므로 잠재적인 위험인식이 형성되는 것이다.

잠재적 위험인식은 교육과 학습을 통해 위험할지도 모른다고 인식되는 것을 의미한다. 그러나 마음으로 느끼지 못하기에 실질적인 위험, 즉 현실적인 위험으로 이해되지는 않는다.

그렇기에 잠재적 위험인식은 현실적 위험인식보다 위험하다고 인식하는 정도가 떨어질 수밖에 없다 (잠재적 위험인식은 현실적 위험과 비교하여 위험하다고 인식하는 정도가 떨어질 뿐이지 아예 없는 것은 아니다).

지진을 예로 들어보자. 그 동안 우리나라에서 지진이라는 위험은 현실적 위험이 아니었다.

다른 나라에서나 발생하는 위험이지 우리와는 전혀 상관없는 위험이라고 인식하였다. 그렇다고 한국사람 그 어느 누구도 우리나라에서 지진이 절대 발생하지 않을 것이라고는 생각지 않는다.

왜냐하면 지진은 자연적으로 발생하는, 이른바 자연발생적인 위험이기 때문이다. 그래서 지진의 발생 여부를 인간이 결정할 수 없기 때문에 지진과 같은 자연발생적 위험은 인간의 통제성에서 벗어난 위험이다.

따라서 지진이 우리나라에서는 전혀 발생하지 않을 것이라고 생각지는 않지만, 그렇다고 일본과 같이 심각한 위험이라고 인식되지도 않는다.

그 동안 우리나라에서 일본과 같이 지진이 자주 발생한 것도 아니었고, 심각한 수준 (아마도 진도 6.0 이상) 의 지진이 발생한 사례가 그리 많지 않기 때문에 우리나라 사람들에게 지진이라는 것은 그저 잠재적인 위험으로 인식될 뿐이다. 설사 지진이 발생한다고 하더라도 일본과 같이 심각한 수준에서 발생하지는 않을 것이라고 믿는다.

이러한 이유로 지진은 우리나라에서 단지 잠재적 위험일 뿐이다. 그런데 이번에 경주에서 집이나 건물이 흔들리는 수준의 지진이 발생하였다.

그 수준은 서울 일부지역이기는 하지만 건물이 흔들리는 것을 조금이나마 느낄 수 있을 정도였다 (저자 역시 지진이 발생한 그날 저녁에 집에 있었는데, 건물이 약간 흔들리는 것을 1~2초 정도 느낄 수 있었다. 참고로 저자가 살고 있는 곳은 오피스텔 22층이다).

그러니 당시 지진이 발생한 경주 지역에 사는 주민들의 불안은 굳이 설명하지 않아도 알 수 있을 것이다. 그 불안감은 어디서 오는가?

누누이 강조하고 있듯이, 경주에 사는 사람들은 지진을 잠재적 위험에서 현실적 위험으로 받아들였고, 실질적인 위험을 마음으로 느꼈기 때문이다.

이것이 의미하는 바는 어떤 특정한 조건이 갖춰지면, 언제라도 잠재적 위험에서 현실적 위험으로 인식되는, 이른바 인식의 전환이 일어난다는 것이며, 또한 위험하다고 인식되는 정도가 더 높아짐을 의미하기도 한다. 그렇다고 직접적인 경험을 통해야만 잠재적 위험에서 현실적 위험으로 인식되는 것은 아니다.

앞서 잠깐 언급했지만, 간접적인 경험도 일종의 '경험'이다. 다만, 직접적인 경험과 비교할 때, 위험하다고 느끼는 정도가 현실적으로 떨어질 뿐이다.

모든 사람이 어떤 위험은 잠재적 위험으로, 또 어떤 위험은 현실적 위험으로 동일하게 인식하지는 않는다. 어떤 사람에게는 잠재적 위험이 또 다른 어떤 사람에게는 현실적 위험으로 인식될 수도 있으며, 그 반대의 경우도 존재한다. 지진을 경험한 경주사람들은 지진을 현실적 위험으로 인식할 가능성이 많지만, 직접적으로 지진을 경험하지 않은 서울지역 사람들은 지진을 여전히 잠재적 위험으로 인식할 가능성이 높다. 물론 현실적 위험으로 인식하는 사람들도 분명히 존재한다. 이처럼 사람마다 잠재적 위험으로 인식하느냐, 혹은 현실적 위험으로 인식하느냐에 대한 차이가 있는 것이다.

낙관적 편견은 위험에 대한 착각을 유발한다

누누이 강조하듯이, 사람들의 위험인식은 위험회피나 위험 예방과 같은 행동을 유발한다는 점에서 매우 중요한 요소이기도 하다.

어떤 대상이나 상황에 대해 위험하다고 느껴야 그것을 회피하거나 예방하기 위한 행동을 할 수 있기 때문이다. 그런데 사람들의 위험인식을 저해하는 요소가 있다.

그 중에 대표적인 것이 바로 낙관적 편견(Optimistic Bias)이다. 전문적인 용어의 냄새가 나기는 하지만, 낙관적 편견이라는 용어만큼 사람들의 위험관련 심리를 정확하게 설명해주는 것 또한 없다.

그렇다면, 사람들에게 낙관적 편견은 왜 발생할까? 그 이유는 사람들 대부분이 일정한 착각 속에서 살아가기 때문이다.

예를 들면, 대부분의 사람들은 자신이 착하다고 생각하는데, 거짓말을 하고 있으면서도 자신은 착하다고 생각한다는 것이다.[30]

인간의 자기 지각과 관련된 연구들(사람들이 자신 또는 자신과 관련된 주변의 대상이나 세상을 어떻게 지각하는가와 관련된 연구들)은 인간이 자신 또는 자신과 관련된 주변의 대상, 그리고 세상을 바라볼 때, 일정한 왜곡현상이 발생한다는 공통된 결과를 내놓았다. 이러한 왜곡현상이 발생하는 이유는 자신의 자존감 (자아존중감의 줄임말인데, 자신의 능력에 대한 믿음이라고 보면 된다)을 향상시키는 방식으로 자신이나 세상을 보기 때문[31]이라는 것이다.

---

30) 댄 애리얼리 지음, 이경식 옮김(2012). 거짓말하는 착한 사람들: 우리는 왜 부정행위에 끌리는가. 서울: 청림출판.

31) Taylor, S. E., & Brown, J. D. (1988). Illusion and well-being: A social psychological perspective on mental health. Psychological Bulletin, 103, 193-210.

보통 남자들이 여자들에 대해 갖는 착각 중 대표적인 착각은 여자의 친절을 과도하게 해석, 자기를 좋아하는 것으로 인식하는 경향이다.

미국 펜실베니아 주립대학교의 심리학 교수인 랜스 샷랜드는 남자와 여자가 친근감을 표현하는 행동과 이성에게 관심을 표현하는 행동을 구분할 수 있는지를 실험한 결과, 남자는 여자의 사회적 호감 표시를 이성적 호감 표시로 해석하는 경우가 많았고, 남자들이 여자에 대해 매력을 느낄수록 여자의 신호를 확대 해석하는 일명 '도끼병 (도끼병은 상대가 조금이라도 친절을 베풀면 자기를 좋아한다고 착각하는 것)' 경향이 더 심했다는 것이다.

이러한 착각은 비단 특정 사람에게만 나타나는 것이 아니라 인간이면 누구나 가지고 있는 공통된 것이라고 볼 수 있다.

이처럼 사람들은 착각이라는 편향된 지각을 보이는데, 가령 질병이나 교통사고 등과 같은 부정적 사건에 대해 자신보다는 다른 사람이 경험할 가능성이 높다고 생각한다.

사람들이 이 같은 편향된 생각을 갖는 이유는 미래에 발생할 일에 대한 자신들의 희망이 내재되어 있기 때문이다.

다시 말해서, 사람들은 미래에 부정적 사건을 경험하지 않았으면 하는 희망에서 자신이 다른 사람보다 그런 부정적 사건을 경험할 개연성이 적다고 스스로 평가하는 것이다.

사람들이 편향된 지각을 하는 또 다른 이유는 근거 없는 낙관론에서 비롯되는, 이른바 낙관적 편견이라고 명명된 판단상의 오류에서 발생하기도 한다.[32]

---

32) 김봉철, 최명일, 이동근(2006). 학교 폭력에 대한 낙관적 편견과 제3자 효과. 홍보학연구, 10(2), 169-197.

사람들의 낙관적 편견에 의한 오류는 또 다른 예에서 확인 가능하다. 예를 들면, 우연적으로 발생한 일에 대해 자신의 낙관적 편견을 반영하여 평가하는 경우인데, 제비뽑기와 같은 순전히 우연적인 결과에 대해 오늘 운이 좋았다거나 혹은 어제 꾼 꿈이 좋았다는 식으로 해석하는 경향이 있으며,[33] 동성연애자들의 경우 역시 다른 동성연애자들에 비해 자신들은 에이즈(AIDS)에 걸릴 가능성이 더 낮다고 믿기도 한다.[34]

사람들의 이러한 낙관적 편견은 단순히 특정 영역에서만 나타나는 것이 아니라 다양한 위험상황이나 조건에서 발생하기도 한다. 그리고 수많은 연구자들에 의해 사람들의 낙관적 편견은 교통사고, 범죄, 질병, 흡연, 음주, 위험한 성행위 등 매우 다양한 위험영역에서 나타난다고 밝혀지기도 하였다.

이처럼 사람들이 자기 자신에 대해 가지는 낙관적 편견은 착각이라는 오류 속에서 특정 위험상황에 대한 사람들의 위험인식을 가로막거나 저해한다. 예컨대, 동성연애자들이 자신들은 에이즈(AIDS)에 걸리지 않을 것이라는 낙관적 편견과 그로 인한 착각으로 동성 성 행위를 지속하는 것이다.

따라서 사람들의 낙관적 편견은 사람들의 위험인식을 방해함으로써, 결과적으로 위험한 행동을 지속적으로 하도록 하는데 결정적 영향을 미친다. 독자들 역시 스스로의 낙관적 편견에 의해 어떤 위험스러운 행동을 하고 있지 않은지 곰곰이 따져볼 필요가 있을 것이다.

---

33) Langer, F. J., & Roth, J. (1975). Heads I win, tails it's change: The illusion of control as a function of sequence of outcomes in a purely chance task. Journal of Personality and Social Psychology, 32, 951-955.

34) Bauman, L., & Siegel, K. (1987). Misperception among gay men of the risk for AIDS associated with their sexaul behavior. Journal of Applied Social Psychology, 17(3), 329-350.

심리적 거리감이라는 이름의 코미디

위험은 본질적으로 주관적인 속성을 내포한다. 즉, 사람마다 위험하다고 인식하는 정도가 다르다. 이것을 학술적 용어로 포장하면, 사람마다 위험인식이 다르다고 거창하게 얘기할 수 있다.

그래서 우리가 어떤 위험에 대해 얘기할 때, 이러한 사람들의 속성을 배제하고는 사람들의 위험 관련 심리를 제대로 파악할 수 없다. 예컨대, 동일한 상황에 대해 누군 위험하다고 느끼는데 반해 누구는 위험하지 않다고 느낀다.

"누구의 말이 옳은 것인가?"의 문제가 아니라 "사람들은 왜 동일한 위험에 대해 위험하다고 인식하는 것이 다를까?"의 문제로 해석해야 한다. 이처럼 동일한 위험에 대해서 사람들이 위험하다고 인식하는 정도 (위험인식)가 다른 이유를 심리적 거리감 (Psychological Distance)에서 찾을 수 있다.

심리적 거리감은 사람들의 어떤 위험대상이나 조건에 대한 위험인식에 상당히 강력한 영향을 미치는 요소라고 볼 수 있는데, 사람들의 위험인식을 이해하는데 중요한 개념이기도 하다.

이를 설명하기 위해서는 잠깐 이론을 들먹여야 한다 (사람들은 이론하면 일단은 어렵거나 재미없다고 생각하는데, 이건 어렵지도 재미없지도 않다). 그것은 바로 해석수준이론(Construal Level Theory)이라는 것이다.

해석수준이론에 의하면, 개인들은 누구나 자신의 주관적인 경험을 통해 형성된 심리적 거리감이 존재하고, 그러한 심리적 거리감에 따라 어떤 대상이나 상황, 혹은 메시지에 대한 해석이 다르게 나타난다.

그래서 어떤 동일한 위험 상황이라고 하더라도 사람들마다 받아들이는 위험인식 정도가 다르다. 어떤 사람은 별로 위험하지 않다고 인식하는 반면에 또 다른 사람들은 위험하다고 인식할 수도 있다는 의미이다 (예를 들어 지구온난화의 문제는 심리적으로 거리감이 있는 위험이다. 왜냐하면 먼 미래에 닥칠 위험이기 때문이다. 반면에 미세먼지는 심리적으로 가까운 위험이다. 왜냐하면, 현재 우리가 허구헛날 미세먼지 주의경보 속에서 일상을 시작하기 때문이다. 바로 지금 우리에게 닥치고 있는 위험이기에 심리적으로 가까운 위험이라고 생각하는 것이다. 그런데 웃기는 사실은 미세먼지가 지구온난화와 무관하지 않다는 사실이다).

사람들은 주관적 경험을 통해 세상을 바라보고 인식한다. 그래서 현재의 순간에 자신이 경험하는 것이 직접적인 것이며, 이 때 자신을 둘러싸고 있는 것들이 현재 존재하는 것들이라고 생각하게 된다. 따라서 현재 존재하지 않는 것들은 자신과는 '멀리 떨어져 있는 것'이 된다.

과거나 미래에 속한 것들은 현재에 속하지 않기 때문에 자신과 심리적으로 멀게 느껴지게 되는 것이다.[35] 이러한 심리적 거리감에는 시간적 거리감, 공간적 거리감, 사회적 거리감, 그리고 확률상의 발생가능성을 포함한다. 즉, 특정 위험대상에 대해 시간적으로 (내가 존재하는 동 시대), 공간적으로 (나와 가까운 지역이나 사건), 사회적으로 가깝고 (나 혹은 내 가족, 친구들), 확률 상으로 자신에게 발생할 가능성이

---

35) 이재신(2014). 커뮤니케이션 채널과 메시지 해석수준을 이용한 비개인적 효과의 원인에 대한 탐구: 빅 데이터 개인정보 유출 위험을 중심으로. 한국언론학보, 58(2), 111-133.

높다고 느낄수록 위험인식이 높아진다.

반대로 특정 위험상황이 시간적, 공간적, 사회적으로 자신과 가깝지 않거나 해당 되지 않으며, 자신에게 발생할 가능성이 낮다고 느낄수록 위험인식은 낮아진다.

테러를 생각해보자. 요즘 유럽에서 민간인을 노린 이슬람 극단주의 테러가 자주 발생하고 있다. 2017년 4월에 발생한 영국 런던 차량 테러사건 (지하드에 관심을 보인 범인이 런던 의사당 부근 웨스트민스터 다리 인도에서 승용차를 몰고 보행자들을 친 뒤 경찰에게 흉기를 휘두르다 사살된 사건으로, 이 테러로 4명이 숨지고 50여 명이 다쳤다), 독일의 분데스리가 보르시아 도르트문트 팀의 버스를 겨냥한 폭발 테러 사건 (다행이 도르트문트 팀 버스는 방탄유리로 되어 있었기에 사상자는 없었으나, 뒷좌석 유리가 깨지면서 도르트문트 수비수 마크 바르트라가 손목 골절상을 당했다) 이 있었다.

그러면 이 테러 사건을 바라보는 유럽 사람들의 위험인식은 어떨까?

테러가 발생한 영국이나 독일 사람들의 경우에는 이 테러사건에 대한 심리적 거리감이 매우 가까울 것이다. 즉, 시간적으로 자신이 살고 있는 동 시대이고, 공간적으로 자신이 살고 있는 지역에서 발생했으며, 사회적으로 영국인 혹은 독일인을 겨냥했다는 점에서 자신에게 해당되고, 그렇기에 자신에게도 발생할 가능성이 높다고 인식하기 때문이다.

따라서 최근 테러를 경험한 영국이나 독일 사람들은 '테러사건'이 자신에게 발생할 수 있다고 믿기에 테러사건에 대한 위험인식이 매우 높을 수밖에 없다. 반면에 한국 사람들은 이슬람 극단주의자들의 테러에 대한 위험인식이 낮다.

이는 이슬람 극단주의자들에 의한 테러가 시간적으로, 공간적으로, 사회적으로 우리와는 무관하고, 발생 확률도 낮다는 심리적 거리감이 존재하기 때문이다. 우리와는 전혀 상관없는 위험이라고 인식하는 것이다.

이처럼 어떤 위험한 사건이나 대상은 사람들이 느끼는 심리적 거리감에 따라 위험인식이 낮거나 높게 형성되기도 하며, 이러한 심리적 거리감은 낙관적 편견과 함께 사람들의 위험인식 정도나 수준을 결정하는 중요한 요소가 된다.

3. 위험할수록 나에게 돌아오는 이익은 크다?

모험과 위험의 경계

사람들이 가장 모호하게 생각하는 것은 모험과 위험의 차이이다. 우리는 간혹 위험한 모험을 즐기는 사람들에 대해 왜 그렇게 위험한 일을 하는지에 대해 질문을 하곤 한다.

일반 사람들이 보기에 모험과 위험은 별 다른 차이가 없어 보인다. 하지만 모험을 즐기는 사람들은 위험보다는 모험을 통해 얻을 수 있는 흥분, 짜릿함 등을 열거하면서 모험이 주는 즐거움을 얘기하곤 한다.

예를 들어, 스카이다이빙을 즐기는 사람들이나 깊은 바다나 산 속 동굴을 탐험하는 사람들, 안전장비 없이 맨손으로 절벽을 타는 사람들, 이 지구상에는 모험을 즐기는 사람들이 수 없이 많다고는 볼 수 없으나, 꽤 있는 것 같다.

일반 사람들이 봤을 때는 분명히 위험스러운 일이며, 모험을 즐기는 사람들을 이해하지 못한다 (저자 역시 위험 심리 전문가라고 할 수 있으나, 여전히 위험한 모험을 즐기는 사람들을 이해하지 못한다. 그들은 정말 위대한 모험가 아니면 괴짜일 것이다).

그렇다면, 모험과 위험의 차이는 무엇인가? 모험과 위험의 차이는 자기 결정권을 가진 주체, 다시 말해서 개인 스스로의 자발적 결정에 의한 것인지, 아니면 비자발적 결정에 의한 것인지에 따라 그 차이가 결정된다.

자신의 자발적 결정에 의한 것이라면, 그것은 모험일 수 있으나, 자신의 스스로에 의한 결정이 아닌 외부적 힘 (다른 사람이나 어떤 조직에 의해 선택할 수 있는 여지가 없는 상황) 에 의한 것이라면 그것은 위험이라고 규정할 수 있다.

그렇다고 모험가들이 자신이 스스로 참여하기를 결정한 어떤 상황에 대해 전혀 위험하지 않다고 인식하는 것은 아니다. 그들도 위험하다고 인식하지만, 모험을 통해 얻을 수 있는 이익이 그들에게는 훨씬 더 중요하다고 생각하기 때문이다.

그렇기에 모험가들은 주저 없이 위험, 그들의 입장에서 얘기하자면, 모험을 선택하는 것이다. 이에 따라 위험하다고 느끼는 동일한 상황에서 자발적 결정에 의한 것이라면, 당사자는 모험이라고 인식할 수 있고, 비자발적 결정에 의한 것이라면 위험으로 간주될 수 있다.

이외에도 애착이나 친밀성이 모험과 위험을 구분하는 기준이 될 수 있다. 저자가 얼마 전 TV방송 중 <세상에 이런 일이>라는 프로그램을 본 적이 있다. 그 프로그램에 소개된 분은 아파트 외벽에 '아파트 이름이나 동 호수'를 페인트로 그리는 직업을 가지신 분이다.

일반 사람들이 봤을 땐, 정말 위험스러운 직업이 아닐 수 없다. 그런데 PD가 무섭지 않느냐고 물어보았고, 그 분의 대답은 정말 간단하게도 '안 무섭다'였다. 오랜 경험이 쌓이다보니 전혀 무섭지 않다는 것이었다.

사람들은 어떤 자극에 지속적으로 노출되면, 시간의 흐름에 비례하여 자극의 강도는 점차적으로 낮아진다 (이를 시감각의 항상성이라고 한다).

그 분도 사람이니 맨 처음 외줄에 매달려서 아파트 외벽에 페인트

칠 하는 것이 왜 무섭지 않았겠는가? 몇 십 년을 하다 보니 공포라는 감정이 무뎌진 것이다.

그 분은 나이가 허락하는 한 지금까지 가족을 먹여 살릴 수 있도록 해준 위험스러운(?) 직업을 계속해서 하겠다는 말씀을 끝으로 인터뷰를 마쳤다.

아마도 그 분에게는 자신의 직업에 애착이나 친밀감을 가지신 것 같다. 결국, 모험가들 역시 모험이라는 자체가 위험하지만, 어느새 모험에 대한 애착이나 친밀감이 형성되어 일반 사람이 보았을 땐 위험스러운 일이 모험가들에게는 하나의 애착이나 친밀감을 가진 행위로 안착된 것이리라. 그래서 모험가들은 그들의 행위(모험)를 '내 자신을 찾는 과정'이라고 말하는 건 아닌지 모르겠다.

<톰 소여의 모험>을 생각해보자. 톰 소여에게 모험은 어엿한 성인으로 성장해 나가는 과정이자 자신을 찾아가는 과정이었다. 그래서 모험과 위험은 자기결정권을 가진 사람들의 자발적 선택에 의해 결정되는 무엇이리라.

편익은 오해를 낳는다

위험은 상당히 역설적이다. 예를 들면, 사람들은 담배가 신체에 해로운 영향을 미치며, 질병과 같은 해악이 발현될 가능성이 높다는 것을 알고 있다.

즉, 담배는 위험하다고 인식하고 있는 것이다. 하지만 사람들은 이러한 위험성을 알고 있으면서도 담배를 계속해서 피워댄다. 그 이유는 담배를 피움으로써 얻을 수 있는 편익이 존재하기 때문이다.[36]

예를 들면, 흡연하는 사람들은 담배를 피움으로써 스트레스가 해소되거나, 긴장된 마음이 풀리거나, 기분을 차분하게 혹은 편안하게 만들어주는 편익이 있다고 생각 한다 (실제로 저자가 담배를 피우는 사람들에게 흡연의 폐해가 있음에도 계속해서 흡연하는 이유를 물어보면, 놀랍게도 한결 같이 스트레스나 긴장 해소를 언급한다. 그리고 저자 역시 여기에 적극 동조한다. 참고로 저자는 흡연자이다).

그리고 흡연자들은 우스갯소리로 이런 이야기를 한다. "스트레스가 그렇게 안 좋다는데, 차라리 흡연하는 것이 낫지 금연 하려다 받는 스트레스에 더 빨리 죽겠다." 맞는 말일지도 모른다. 지구상에 존재하는 모든 질병들 가운데 70%는 그 발병원인이 스트레스라고 한다.

그 만큼 현대사회를 살아가는 사람들에게 스트레스는 정말 위험한 발병 인자이다. 이러한 논리, 즉 담배가 스트레스를 해소해준다는 논리는 흡연자에게는 어떻게 보면 절대적인 명제일지도 모른다.

금연자에게는 헛소리로 들릴지도 모르겠지만 말이다 (실제로 금연

---

36) 김영욱(2008). 위험, 위기 그리고 커뮤니케이션. 서울: 이화여자대학교 출판부.

자들은 흡연자들의 스트레스 해소 논리를 핑계나 의지부족, 심지어는 의지박약이라고 놀리기도 한다. 하지만 과거 흡연을 해본 경험이 있는 금연자들 역시 담배의 스트레스 해소에 대해서 부정하지는 않는다).

이처럼 흡연자들은 담배를 피움으로서 얻을 수 있는, 스트레스 해소라는 편익을 생각한다.

어떻게 보면, 스트레스 해소라는 말이 담배를 피기 위한 핑계거리일지도 모르나, 흡연자들이 심적으로 믿는다면(신념), 최소한 그들에게만큼은 담배의 스트레스 효과가 있는 것으로 봐야 한다. 그래서 스트레스 해소라는 편익이 금연을 함으로써 얻을 수 있는 편익이 훨씬 크다고 인식하고 있는 것이다.

당연히 위험하지만 스트레스 해소로 인해 얻을 수 있는 이익이 금연보다 크다고 인식하기 때문에 지속적으로 흡연행위를 하는 것이다. 따라서 금연을 통해 얻을 수 있는 이익이 흡연을 통해 얻을 수 있는 이익보다 크다고 생각한다면, 사람들은 당연히 금연하고자 하는 행동으로 나아갈 것이다.

그러나 이러한 논리는 지극히 단순한 것이다. 인간의 마음은 그렇게 단순하지 않다. 위의 논리라면, 금연을 통해서 얻을 수 있는 이익이 흡연을 통해 얻을 수 있는 이익보다 크다는 인식을 캠페인을 통해 국민들 사이에 퍼트리기만 하면 모든 국민이 금연할 테니 말이다. 그리고 이러한 논리가 정답이라면, 지금 우리는 금연공화국이어야 한다.

하지만 현실은 그렇지 않다. 지금도 담배를 피우는 사람들이 많고, 근래에는 여성 흡연자들도 엄청 많다. 이제는 길거리의 흡연공간에서 여성 흡연자들을 보는 것은 그리 낯설지만은 않다.

물론 담배를 피움으로써 얻을 수 있는 이익이 크다고 생각하기 때문에 흡연자들은 계속해서 흡연을 한다. 위험하다고 인식함에도 계속해서 흡연을 하는 확실한 이유이다.

하지만 흡연자들을 금연자로 전환시키기 위해서는 상대적으로 뭔가가 더 있어야 한다. 흔히 금연자들은 담배에 수십 가지의 발암 물질이 들어 있다고 애기한다. 담배 갑 겉면에도 담배에 발암물질이 있다는 메시지가 떡 하니 자리 잡고 있다.

그럼에도 흡연자들은 담배를 계속해서 피며, 혹은 끊을 생각만 하지 실제로 담배를 끊는 행위로는 이어지지 않는다. 흡연자들이 또 하나 자주 하는 애기가 있다 (흡연자들을 대상으로 인터뷰를 해본 결과이다).

> "내 주변에 담배를 피우고도 90세 넘게 장수하신 분들이 많다. 우리 옆집에 사시는 할아버지는 지금도 그렇게 골초이신데, 잔병 없이 건강하게 사신다. 또 내 주위에 암에 걸린 사람이 있는데, 그 사람은 담배를 안 핀다. 담배를 안 핀 사람은 암에 걸려 병원에 있고, 담배를 피우는 나는 정작 건강하다. 종합검진 받았더니 아주 건강하다고 하더라. 결국 담배를 피우지 않았는데, 암에 걸린 사람들을 보면 정작 문제는 스트레스다."

저자 역시 담배를 피우는 입장에서 혹 할 소리이다 (솔직히 왠지 안심이 되었다). 이러한 평가는 과연 어디서 비롯될까?

바로 현실적인 위험으로 인식되는 정도가 상당히 낮기 때문이다. 그리고 잠재적 위험으로 인식되기 때문이다. 즉, 담배가 건강에 좋지 않다는 잠재적 위험성은 알지만, 담배를 피운다고 해서 지금 당장 건강이 나빠지는 것은 아니며, 현재 건강하다고 인식하고 있기 때문이다.

대신에 흡연자들도 가까운 미래든 혹은 먼 미래든 간에 언젠가 자신도 담배로 인해 건강이 나빠질 수 있다는 생각을 하긴 한다 (흡연자들도 학식이 있고, 이성적이면서도 합리적인 판단을 내릴 수 있는 존재이다). 그래서 지금은 담배를 피우지만, 조금만 (조만간이 몇 개월, 몇 년이 될 수도 있다) 더 피다가 끊을 거라는 얘기를 반드시 하긴 한다.

그래서 금연을 위해서는 편익도 중요하지만, 현실적 위험으로 받아들이도록 해야 한다. 현실적 위험으로 받아들이게 해야 흡연에 대한 위험인식이 높아지고, 금연행동이라는 구체적이고 실천적 행동으로 이어질 수 있다.

지금 담배 갑을 보면, "폐암의 원인 흡연! 그래도 피우시겠습니까?"라는 문구가 있다. 그리고 반대 면에는 "19세미만 청소년에게 판매금지! 담배연기에는 발암성 물질인 나프틸아민, 니켈, 벤젠, 비닐크롤라이드, 비소, 카드뮴이 들어 있습니다"라는 문구도 있다. 그리고 결정적으로 폐암수술 실제장면이 이미지로 생생하게 삽입되어 있다. 이로 인해 금연한 사람도 있을 것이나, 담배케이스를 사서 담배만 케이스에 옮겨 담고 담배 갑은 버리는 사람도 있다. 현실적인 위험으로 받아들이는 정도가 다르기에 나타나는 현상이다.

저자는 담배 갑에 폐암수술 장면을 삽입해도 결국에는 실패할 것이라고 생각한다.

금연을 확산시키기 위해서는 지금보다 현실적인 위험으로 받아들일 수 있도록 훨씬 강력한 뭔가가 필요하다고 본다. 보통 편익은 위험인식을 감소시키거나 혹은 위험하다고 인식함에도 지속적으로 어떤 행동을 하도록 영향을 미친다.

앞에서 언급했던 담배가 그렇다. 금연을 통해 얻을 수 있는 이익보다 흡연을 통해 얻을 수 있는 이익이 크다고 인식할수록 사람들은 지속적인 흡연행동을 보일 것임은 자명하다.

결국, 금연을 통해 얻을 수 있는 이익을 강조하되, 거기에 흡연을 통해 얻을 수 있는 위험성을 강화하여 현실적 위험으로 인식하도록 해야 한다.

지금까지 밝혔듯이, 위험은 사람들에게 위협적인 존재이기도 하지만 위험이 가져올 수 있는 편익과 저울질을 해야 하는 양가적 감정[37]이라는 요소를 가지고 있기도 하다.

어떤 위험스러운 대상 혹은 상황에 대한 사람들의 위험회피 행동이나 위험 예방행동을 이끌어 내기가 쉽지 않은 이유이기도 하다. 결국, 중요한 것은 개인 스스로의 판단과 의지이다. 담배 갑에 있는 경고문구나 폐암수술 장면 이미지는 개인이 올바른 판단을 내릴 수 있도록 도와주는 것에 불과하다. 따라서 개인의 위험회피나 예방을 위한 행동은 무엇보다 개인의 의지가 중요할 것이다.

---

37) 김영욱(2008). 위험, 위기 그리고 커뮤니케이션. 서울: 이화여자대학교 출판부.

확률은 심리적 문제와는 상관없다

일반적으로 위험은 어떤 사안이 가져올 수 있는 부정적인 충격의 정도와 그러한 일이 일어날 수 있는 가능성의 정도가 상호 작용하여 인식된다. 이에 따라 우리가 어떤 일이 위험하다고 느끼는 것은 어떤 위험으로 인한 부정적 결과와 그러한 위험이 실제로 발생할 가능성이 있는지에 따라 결정된다.38) 그리고 어떤 위험이 얼마나 심각한지는 위험의 발생 가능성과 피해 규모의 곱에 의해 결정된다.39)

만약에 사람들이 사회에서 발생하는 현상을 이미 결정된 숙명적인 현실로 받아들인다면 위험에 대한 논의는 무의미하다. 왜냐하면 사람들이 어떻게 하든 위험을 피할 수 없기 때문이다.

하지만 위험을 숙명적인 현실이 아닌 가능성의 차원에서 받아들인다면 위험의 결과는 어떤 자연의 작용이나 사람의 행위에 의해서 발생하는 원치 않은 결과이며, 이러한 인과 관계의 원인들을 수정한다면 피할 수도 있는 상황으로 상정하는 것이 가능해진다.40)

다시 말해서, 어떤 위험이 발생할 가능성을 원천부터 차단한다면, 위험은 발생하지 않게 된다. 하지만 위험의 발생 가능성을 원천부터 차단하는 것은 사실상 쉽지 않거나 불가능할지도 모른다. 위험발생을 사전에 완벽하게 예측 가능하고, 그래서 그것을 철저하게 차단할 수 있다고 한다면, 애초부터 위험은 발생하지 않을 것이며, 발생하지 않는 위험은 위험이 아닌 것이 되기 때문이다.

---

38) 김영욱(2008). 위험, 위기 그리고 커뮤니케이션. 서울: 이화여자대학교 출판부.
39) Bostrom, A., & Lofstedt, R. E. (2003). Communicating risk: Wireless and hardwired. Risk Analysis, 23(2), 241-248.
40) 김영욱(2008). 위험, 위기 그리고 커뮤니케이션. 서울: 이화여자대학교 출판부.

일반 사람들과 전문가들은 위험 발생가능성을 평가하는데 있어서 일정한 차이가 존재한다. 전문가들이 위험을 확률로 평가해서 '위험하다' 혹은 '위험하지 않다'고 결정한다.

가령, 교통사고와 항공기 사고를 비교해보자. 실제로 항공기 사고는 교통사고가 발생할 확률보다 훨씬 낮다.

미국안전협회(NSC)에 따르면 미국 내에서 자동차 사고로 사망하는 사람은 112명 당 1명꼴 이며, 항공기 사고로 인한 사망은 9만7000명 중 1명으로 항공기 사고의 발생확률이 크게 낮고, 항공기 사고로 사망하는 것보다 자동차 사고로 인한 사망자 수가 865배 더 많다고 하였다. 우스갯소리도, (전문가들의 확률에 의한 주장) 항공기 사고가 날 확률은 로또에 당첨되어 대낮에 은행에 가다가 벼락 맞아 죽을 확률보다 더 낮다고 한다. 물론 과장된 바가 없지 않으나, 그 만큼 항공기 사고가 날 확률이 매우 낮다는 의미이다.

이처럼 전문가들은 과학적 자료에 근거하여 자동차보다는 항공기가 훨씬 더 안전하다고 평가한다.

이처럼 전문가에 의해 평가된 것을 객관적 위험인식이라고 부른다. 즉, 객관적 위험인식은 전문가들에 의해 과학적 자료와 평가에 기초하여 부여된 위험정도로써, 일반 사람들이 주관적으로 위험을 평가하는 주관적 위험인식과 대비되는 개념이다.

"테러로 죽을 확률은 코코넛 나무 아래에서 열매를 맞고 즉사할 확률과 비슷하다."

이 말은 미국의 안보전문가 피터 호벨이 한 말이다. 전문가들이 사망 위험도를 분석하기 위한 '마이크로몰트(MM)'라는 측정방법이 있다 (마이크로몰트는 예기치 못한 사고로 사망할 확률을 나타낸 지수로 100만 명에 1명이 사망하면 1MM이다. 심장수술과 제왕절개 수술은 건당 각각 1만6,000MM, 170MM으로 나타났고 오토바이는 400㎞ 운전 기준 40MM이었다). 이것을 통해 테러로 목숨을 잃을 확률을 계산해 본 결과, 다른 요인들보다 테러로 죽을 확률이 현저하게 낮았다. 즉, 테러에 의해 목숨을 잃을 확률은 0.5MM으로, 이 수치는 하루 동안 코코넛 나무 밑을 지나다 떨어지는 열매에 맞아 죽는 확률과 비슷한 것이다. 테러로 사망할 확률이 극히 낮은데도 불구하고 상당수 여행객들이 테러 위험 국가를 외면하는 건 결국 심리적 문제이다. 가령, 2005년 7월7일 발생한 영국 런던 지하철 연쇄폭탄테러로 52명이 사망하였다. 이후 사람들은 주인 없는 가방을 공공장소 (지하철 역사나 공항, 호텔 등)에서 목격할 때마다 공포감을 느끼게 되는 현상이 발생하는데, 이는 심리적 문제에 기인한다.[41]

이러한 두려움이나 공포감은 우리나라에서도 나타난다. 우리나라에서 테러가 발생한 적이 없음에도 불구하고 말이다. 따라서 전문가는 우리나라에서 테러가 발생한 적이 없기 때문에 테러로부터 안전하다고 강조하지만, 영국이나 우리나라의 사례에서 보듯이, 사람들은 전문가들이 얘기하는 확률을 위험이라는 문제가 관련될 때에는 믿지 않는 경향이 있는 것이다 (이는 사람들이 전문가들을 신뢰하지 않고 있다는 의미가 아니다. 위험을 인식하는 방식이 전문가들과 다를 뿐이다).

---

41) 한국일보(2016.08.06.). 테러로 사망할 확률은 코코넛 나무 열매 맞고 즉사할 확률.

따라서 위험문제는 대중이 위험에 대해 올바르게 이해할 수 있도록 깨우쳐 주어야 하는 계몽의 문제, 그리고 위험에 대한 나태함이나 경솔함, 무사안일주의 등과 같이 마음 깊이 반성하고, 위험에 대해 깊이 살펴야 하는 성찰의 문제인 것이다.

4. 사람들이 위험을 과대평가하는 이유

미디어는 우리의 뇌를 조작하나?

수많은 잠재적 위험들 중에 사람들이 직접 경험하거나 체험한 것은 그리 많지 않다 (아마도 직접 경험했거나 체험했다면, 이미 그 사람은 이 세상 사람이 아닐지도 모른다).

오히려 어떤 사건사고를 목격한 것마저도 손가락으로 꼽을 정도에 지나지 않을지도 모른다. 직접 경험했거나 목격한 사건사고가 과연 몇 건이나 되는지 가만히 생각해보자. 과연 몇 건이나 될까? 장담하건데, 실제로 경험하거나 본 건 정말이지 몇 건 없을 것이다.

그런데 느낌상으로는 마치 수많은 사건사고를 목격한 것 같은 느낌이 든다 (최소한 낯설지는 않다).

어떤 사건사고가 발생했다고 얘기를 들으면, 자연스럽게 우리의 머릿속에 발생한 사건사고와 유사하거나 최소한 관련된 이미지가 자연스럽게 떠오를지도 모른다.

예를 들어, 세월 호 사건을 떠올려보자. 세월 호 사건을 직접 경험한 것도 아닌데, 너무나도 자연스럽게 세월 호가 옆으로 기울어진 모습이 떠오를 것이다.

누군가는 배에 물이 들어오면서 희생자들이 공포감에 소리를 지르는 모습을 떠올릴지도 모른다. 이것은 모두 TV 또는 영화 속에서 본 이미지가 우리의 뇌에 저장되어 있다가 세월 호를 떠올렸을 때, 그것과 가장 유사한 이미지를 내보내기 때문이다. 이것은 모두 간접경험에 의한 효과이다.

사람들이 수많은 잠재적 위험을 직접적으로 경험하거나 체험하기란 불가능하다. 그렇기에 사람들은 미디어를 통해 세상을 바라보듯이, 미디어를 통해 위험이나 사건사고를 경험한다.

간접경험이 이루어지는 것이다. 그리고 어떤 이미지가 떠오르는 것은 우리가 직접, 혹은 간접 경험한 것에 의해서만 국한되어 나타난다. 가령, 태양계의 저 멀리에 존재하는 천왕성이나 명왕성을 떠올려보자. 아마도 아무것도 떠오르는 이미지가 없을 것이다.

이러한 이유는 우리가 천왕성이나 명왕성에 대해 그 어느 것을 통해서도 접해본 것이 없기 때문이다. 반면에 우주에서 바라본 지구를 떠올려보자. 독자들의 머리에서 떠오르는 이미지가 분명히 있을 것이다. 이러한 차이는 무엇에서 오는 것일까?

우주 밖으로 나가본 적도 없는데도 우주에서 바라본 지구의 이미지가 떠오르는 것은 바로 미디어, 즉 TV이든 인터넷이든 미디어를 통해서 우주에서 바라본 지구의 모습을 간접적으로나마 경험했기 때문이다. 그리고 그 모습 (엄밀히 말하자면, TV에서 보여 진 이미지) 이 우리의 머릿속에 남아 특정 대상을 떠올릴 때, 저장되었던 것들이 이미지로 떠오르게 되는 것이다. 이처럼 사람들은 미디어를 통해 어떤 대상에 대한 지식을 습득하고, 그 지식은 특정 대상을 평가하는데 있어 강력한 영향을 미친다.

공룡도 마찬가지다. 만약 TV가 없었다면, 우리는 공룡이 실제로 어떻게 생겼는지를 전혀 짐작도 하지 못했을 것이다. 이처럼 미디어는 사람들이 어떤 대상이나 사물, 그리고 현상을 이해하고, 평가하는데 있어 중요한 기준점이 된다.

TV가 있기에 사람들은 직접 경험할 수 없는 수많은 현상들을 (간접으로나마) 경험하고, 이것을 통해 부족한 지식을 우리의 머릿속에서 채워 넣는 것이다. 특히, TV는 실재(reality)를 반영하기에서 마치 내가 현장에서 직접 경험하는 것과 같은 사실적 느낌을 갖게 한다.

예전 우리나라 드라마 중 최장수 프로그램인 <전원일기>가 있었다 (1980년 10월 21일부터 2002년 12월 29일까지 22년 2개월 동안 총 1,088회가 방영되었다).

저자가 기억하기로는 매주 일요일 오전마다 방영되었던 것으로 기억되는데 (첫 방송은 화요일 오후 시간대였으나, 이후 수요일 저녁시간대로 바뀌었고, 1996년 10월 27일부터 종영할 때가지 일요일 오전에 방송되었다), <전원일기>는 전형적인 농촌드라마로써, '양촌리'라는 시골을 배경으로 순박한 농민들의 삶과 훈훈한 '정(情)'을 느낄 수 있었던 드라마였다.

이 드라마에서 최불암 씨가 양촌리 이장으로 나왔던 것으로 기억된다. 그런데 이 드라마에 한 가지 유명한 에피소드가 있다고 한다 (우스갯스러운 이야기일지도 모르지만). 최불암 씨가 극중이 아닌 실제로 어딘가를 갔는데, 어떤 할머니가 최불암 씨를 보더니 그러더란다.

"양촌리 이장님이 아니셔?" 실제로 그 할머니가 극중 인물을 실제 인물로 착각을 한 것인지 아니면 워낙 친근한 나머지 그러셨는지는 모르겠으나, 때에 따라서는 이처럼 극중의 인물이 실제 인물로 인식되기도 한다 (실제로 많은 사람들이 최불암 씨의 극중 아내인 김혜자 씨를 실제 부인으로 오해하거나 착각하기도 했다. 저자 역시 김혜자 씨를 최불암 씨의 실제 부인으로 착각했었다).

이러한 사례는 얼마든지 찾아볼 수 있다. 가령, 드라마에서 악녀로 나오는 배우들의 인터뷰나 기사를 보면, 극중이 아닌 실제에서 "그렇게 살지 마"라는 소리를 들었다거나 혹은 길거리를 다니거나 식당에 갈 때 드라마 캐릭터 때문에 사람들에게 손가락질을 받은 경우가 심심치 않게 소개 된다 (당사자들은 오히려 기쁘다는 얘기를 많이 한다. 사람들이 그 만큼 가상의 인물을 실제 인물로 받아들인 것이나 마찬가지이니 연기력이 뛰어나다는 의미일 테니 말이다).

이러한 예는 비단 우리나라에서만 일어나는 일이 아니다. 미국의 유명한 드라마 중 우리나라에서 커다란 인기를 끌었던 드라마가 있다.

바로 <X-파일>이다. 이 드라마에서 주인공은 멀더(데이비드 듀코브니)와 스컬리(질리안 앤더슨)인데, 이들은 극중에서 외계인을 위시한 각종 음모나 초자연현상과 관련된 미해결 사건을 담당하는 미국 연방수사국(FBI, Federal Bureau of Investigation)의 요원으로 나온다.

그런데 멀더(Mulder)로 분한 데이비드 듀코브니(David William Duchovny)는 사람들에게 실제로 이런 전화를 자주 받았다고 한다.

"멀더, 우리지역에 정말 이상한 사건이 발생했어요. 빨리 와주세요".

다시 원 주제로 돌아가서, TV는 청각(소리)과 시각(이미지) 중심의 매체이다. 인쇄매체 (신문이나 책, 잡지 등)가 시각 중심이라면, 라디오는 청각 중심의 매체이다.

반면에 TV는 청각+시각이 결합된 매체이기에 인쇄매체나 라디오에 비해 사람들에게 미치는 영향력이 매우 크다. 굳이 사람들의 뇌를 통한 정보처리과정을 설명하지 않더라도 이미지는 사람들에게 어떤 상황을 설명하고 이해시키는데 있어 책이나 소리보다 훨씬 탁월한 능력을 갖고 있다.

우리가 어떤 상황을 떠올릴 때, 관련된 이미지가 먼저 떠오르는 것처럼 말이다. 그러면 어떤 사건사고, 혹은 재난을 생각해보자.

우리는 TV 뉴스를 통해 사건사고나 재해 등에 대한 이미지를 매일같이 마주한다. 가스폭발사고가 발생했다면, 가스폭발로 인해 처참하게 무너진 건물이나 산산이 조각난 유리창, 부상당한 사람들을 태우고 급히 오고가는 엠블런스, 화재를 진압하는 소방대원들의 분주한 모습들이 이미지를 통해 전달된다.

그러한 모습은 우리의 뇌 속에 기억이 되었다가 라디오 뉴스를 통해 "가스폭발사고가 발생했고, 그 주변은 아수라장이다"라는 뉴스 멘트를 듣는 순간, 우리는 전에 TV에서 봤던 유사 사건의 이미지를 떠올리게 된다.

이것이 바로 TV의 힘인 것이다. 우리는 체르노빌이나 후쿠시마 원전폭발사고를 미디어 (특히, TV)를 통해 간접적으로나마 경험하였고, 이루 말할 수 없을 정도의 그 처참함을 기억한다.

하지만 엄밀히 따지자면, 우리는 미디어가 재구성한 것을 봤을 뿐이고, 그것을 통해 원전폭발사고의 참혹함과 그 위험성을 인식한 것뿐이다. 실제로 경험한 것도 아닌데 말이다.

그래서 미디어는 어떤 위험은 아주 덜 위험한 것으로, 또 어떤 위험은 아주 위험한 것으로 만들어내는 힘을 가진다. 그리고 사람들은 그에 따라 위험을 인식하고, 평가하기도 한다.

아마도 독자들 중에는 원자력발전소를 반대하는 사람도 있을 것이다. 그리고 만약 원자력발전소를 반대한다면, 그 이유는 무엇인가? 당연히 위험하기 때문이라고 대답할 것이다.

그러면, 원자력발전소를 왜 위험하다고 생각하는가? 그 이유에 대해 곰곰이 생각해볼 필요가 있을 것이다. 이미지가 갖고 있는 힘에 대해 다시금 기억하자.

낙인이 갖는 함정

우리사회에서 원자력발전소는 언제나 사회적으로 커다란 논쟁적 이슈거리이다.

2011년 일본의 후쿠시마 원전폭발사고 이후, 한국 사람들의 원자력발전소에 대한 위험인식은 더욱 더 높아졌고, 이로 인해 국내에서 원자력발전소의 존폐 여부에 대한 논쟁이 확산되는데 중요한 영향을 미쳤다 (후쿠시마 원전폭발사고 이후, 국내에서는 원자력발전소 지속과 추가건설을 강조하는 정부, 관련 기관 및 과학자 집단과 원자력발전소의 폐쇄를 요구하는 일부 과학자 집단 및 시민사회 단체 간에 극렬한 대립이 있었고, 이러한 대립은 지금도 진행형이다).

이미 체르노빌 원전폭발사고를 간접적으로 경험했던 우리사회에서는 원자력발전소 건립뿐 아니라 방사성폐기물처리장 (방사성폐기물처리장은 원자력발전소에서 나오는 쓰레기, 다시 말해서 방사성 폐기물을 처리, 보관하는 장소이다. 방사성폐기물은 그 위험도에 따라 고준위 폐기물, 중준위 폐기물, 저준위 폐기물로 분류하는데, 고준위 폐기물은 원자로를 돌려서 나오는 찌꺼기, 이른바 사용 후 핵연료라고 부르며, 중준위 폐기물은 방사선 차폐복이나 원자로 부품 등이며, 저준위는 원자력발전소나 의료기관 종사자들이 방사선구역에서 작업할 때 입는 작업복이나 장갑, 볼펜, 덧신, 샤워나 세탁 시에 나오는 물 등의 폐기물을 의미한다. 이러한 기준에 따라 고준위 방사성폐기물처리장, 중준위 방사성폐기물처리장, 그리고 저준위 방사성폐기물처리장으로 분류한다)에 대해서도 입지선정을 위한 예비후보군이라는 말만 나와도 해당 지역 주민들의 강력한 반발과 저항 (1990년 안면도 사태나 2003년 부안 사태는 격렬한 주민저항, 폭력사태, 공권력과의 격렬한 대치 등을 유발하였다. 이러한 주민들의 격렬한 저항은 정부의 비공개를 원칙으로 한 적합지 선택, 주민의견수렴 절차의 무시, 일방적 선정과 발표, 부지적합성을 위한 사전조사 결여, 고준위와 중저준위 방사성폐기물처리장의 동시 추진, 거기에 당시 과기처장관의 거짓말, 빈약한 경제적 보상 등이 주요 원인으로 작용하였다)을 불러왔을 정도로 높은 위험인식이 형성되어 있던 터라 후쿠시마 원전폭발사고는 원자력발전소를 포함한 관련 시설에 대한 위험인식이 더욱 높아지는 결과를 초래하였다.

사실 방사성폐기물처리장을 포함한 원자력발전소의 위험과 안전에 대해서는 전문가들조차도 치열한 논쟁과 이견이 있긴 하나 원자력발전소에서 대규모 사고와 손실이 발생할 확률은 매우 낮다.

그럼에도 사람들이 원자력발전소에 대해 공포와 두려움을 갖는 이유는 무엇일까?

물론 다양한 원인이 있겠으나 심리적인 측면으로 접근해보면, 대표적으로 낙인화(Stigmatization) 혹은 낙인효과(Stigma Effect)를 들 수 있다. 원래 '낙인'이라는 용어는 그리스인들이 불명예를 나타내기 위하여 특정인에게 부여했던 표시를 의미하는데 (그 당시에 낙인 표시를 받은 사람은 그 사회에서 위험한 대상으로 간주되어 사람들로부터 회피나 따돌림의 대상이 되기도 하였다), 이러한 낙인은 조선시대에서도 간혹 볼 수 있다.

<조선왕조실록>에 보면, 도적질을 한 자(者)들 가운데 그 죄가 중하

거나 무거운 죄인에게는 이마 등에 '도(盜)'자를 새기는 중벌을 내린 사례가 기록되어 있고, 연산군 시절에는 도망친 노비에게 '도노(逃奴)' 또는 '도비(逃婢)'를 새기도록 실제 왕명으로 내려진 적이 있었다 (이후 그 형벌이 너무 가혹하다고 하여 영조 때 폐지되었다).

어찌되었든 낙인은 정상에서 벗어난 바람직하지 못한 어떤 것을 의미하며, 사람들로부터 강한 혐오감이나 불쾌감, 경멸감은 물론 두려움을 유발하는 것이다.

이러한 낙인은 단지 사람에게만 해당되지 않는다. 어떤 대상이나 기술에 대해서도 낙인이 존재한다. 낙인이 부여되면 그 대상이나 기술은 피하거나 배제의 대상으로 간주되며, 일단 낙인이 부여되면, 관련된 모든 것들도 함께 낙인찍히게 된다.

가령, 에이즈(AIDS)에 걸린 사람들은 성적으로 매우 문란하다는 오명을 받기도 한다. 하지만 에이즈(AIDS)의 감염 경로는 다양하며, 병원의 실수나 잘못된 수혈로 인해 감염되는 사례도 분명히 존재한다.

그리고 에이즈(AIDS)에 걸린 사람이 사용한 물품들에 대해서도 사람들은 겁을 집어먹으며, 상당한 거부반응을 보이기도 한다. 이와 같이 낙인이 부여되면, 그것과 관련된 모든 것들에 대해서도 동일한 효과가 나타난다는 점에서 낙인은 그 자체적으로 확장 효과를 갖는다. 원자력발전소 역시 낙인화 혹은 낙인효과가 일어나는 대표적인 과학기술 분야로써 원자력발전소에 대한 낙인효과는 상당히 강력한 것으로 유명하다.

일본에서도 후쿠시마 원전폭발사고로 인해 낙인이 어떤 식으로 사람에게로 이어지는지를 확인할 수 있는 사례도 있었다. 2011년 3월 동일본대지진 당시 발생한 후쿠시마 원전 폭발사고 이후 다른 지역으로 피난한 학생들에 대한 집단 괴롭힘(이지메) 사례가 199건으로 조사되었다. "후쿠시마로 돌아가라" "방사능을 옮기니까 가까이 오지 마라". 원전사고 등을 직접 언급한 가해자들은 피해 학생에게 "후쿠시마로 돌아가라" "너 때문에 원전 폭발사고가 일어났다"고 놀리거나, "몸에 방사능이 있으니 가까이 오지 마라"면서 따돌림을 한 것으로 조사되었다('방사능'이라는 별명으로 이지메를 당했던 피해 학생도 있었다).42)

낙인효과가 갖는 문제는 어떤 대상이나 기술에 대해 올바른 이해 없이 맹목적으로 거부하거나 추종함으로써 합리적인 의사결정이나 판단을 방해하거나 어렵게 한다는 점이다.

나아가 실제적 위험보다 위험을 상대적으로 과대평가하거나 과소평가하게 함으로써 사회적으로 반드시 필요한 과학기술 분야(의학, 에너지 등)에 대한 개발과 발전을 저해하기도 한다. 사람들의 원자력발전소에 대한 낙인은 분명 과대 포장된 바 없지 않다.

우리사회에서 에너지가 차지하는 비중은 매우 크다. 작게는 가정에서부터 크게는 각종 산업에 이르기까지 에너지가 없다면, 모든 것이 제대로 돌아가지 못한다. 당연히 지금과 같은 혜택을 받아보지 못할 것임에 틀림없다.

당장 가정에서 전기가 없다면, 과연 무엇을 할 수 있을까? 가전제품과 같은 지금의 모든 부산물은 아마 작동하기 힘들 것이고, 우리의 삶을 풍족하게 해주는 다양한 제품이나 서비스의 생산도 이루어지지 않

---

42) 경향신문(2017.04.11.). "후쿠시마로 돌아가" "방사능 옮길라 저리 가".. '후쿠시마 원전사고' 이지메 199건

을 것이다.

하지만 석유나 가스와 같은 에너지는 각종 환경오염과 공해를 유발하고 자연을 파괴함으로써, 그로 인한 문제는 고스란히 인간에게 돌아온다. 그래서 자연파괴를 통해 얻을 수 있는 에너지의 잠재적 위험성을 고려하여 원자력발전소와 같은 청정에너지가 필요한 것이다.

실제로 우리나라에서 원자력발전소를 통해 가정이나 산업현장에 제공되는 에너지의 비율은 전력 생산의 3분의 1에 해당된다.

이런 이유로 (세계 각국을 포함한) 정부 역시 원자력발전소를 쉽게 포기하지 못하는 것이다. 물론 사람들의 원자력발전소에 대한 거부감과 공포, 두려움 등으로 원자력발전소를 대체할 수 있는 친환경에너지 혹은 재생에너지 (자연 상태에서 만들어지는 에너지로, 태양에너지나 풍력, 수력, 지열, 파도 등을 이용한 에너지를 의미한다) 등에 대해 많은 연구 및 기술개발이 이루어지고 있다.

그러나 역시 문제는 부족한 에너지 문제를 해결하는데 있어 현실적 대안은 아직까지 원자력발전소외에는 없다는 점이다. 그러니 정부로써는 환장할 노릇이다. 당장 전기 공급의 비율이 떨어지면, 여기저기 불만이 넘쳐날 것이다. 그렇다고 실질적 대안은 원자력발전소 밖에는 없다. 딜레마가 여기서 오는 것이다.

저자는 원자력발전소가 왜 필요한지에 대한 당위성을 얘기하는 것이 아니다. 다만, 현실을 정확히 이해할 필요가 있는 것이다.

맹목적이고 무조건적인 반대는 때론 우리가 생각지 못했던 또 다른 문제와 위험을 불러올 수 있다. 그러므로 원자력발전소 문제를 올바른 이해를 통해 냉정하게 바라볼 필요가 있으나, 낙인은 이를 불가능하게 만든다.

낙인은 공포를 통해 확산 된다

사람들이 원자력발전소를 위험하다고 생각하는 것은 바로 두려움 혹은 공포감 때문이다. 이미 "원자력발전소=두려움+공포감"이라는 도식이 형성되어 있고, 이러한 부정적 감정이 낙인되어 있는 것이다.

그래서 "위험은 인간의 머릿속 에서 만들어지는 심리적인 것이다"라는 말이 나왔을지도 모르겠다.

사람들이 어떤 대상에 대해 위험하다고 느끼는 것은 일정한 조건이 갖춰져야 하는데, 그것은 바로 위험에 대한 노출이다. 위험에 대한 노출이 어떤 형태로 이루어지느냐에 따라 사람들이 위험하다고 느끼는 정도는 다르게 나타난다.

예를 들면, 어떤 위험에 대해 외부적 간섭이나 강제 없이 자발적으로 노출하느냐, 그 위험에 대해 자신이 통제할 수 있느냐 (자신의 노력 여하에 따라 위험의 발생 여부가 결정된다), 위험이 발생한다면, 그것은 치명적이냐, 그리고 그 위험은 자연발생적인 어쩔 수 없는 것이냐 혹은 인위적인 것이냐에 따라 사람들이 위험을 느끼는 정도는 다르게 나타난다 (이것을 전문용어로 위험특성이라고 한다).

따라서 어떤 위험이 외부의 강제가 아닌 스스로의 의지에 의한 자발적 노출이고, 스스로의 노력에 따라 통제 가능하며, 위험이 발생하더라도 치명적이지 않으며, 자연발생적인 위험이라고 느낄수록 특정 대상에 대해 위험하다고 인식하는 정도는 낮아진다.

반대로 자발적 노출이 아닌 외부의 간섭이나 강제로 인한 노출이고, 위험을 스스로 통제할 수 없으며, 위험이 발생할 경우에 돌이킬 수 없을 정도로 치명적이며, 인위적으로 만들어진 위험이라고 느낄수록 대상이나 상황에 대한 위험인식 정도는 높아진다.

이에 따라 위험하다고 느끼는 정도, 즉 위험인식이 높아질수록 특정한 위험대상을 심각한 위험으로 간주하게 되는 것이다.

원자력발전소를 예로 들어보면, 원자력발전소라는 위험은 사람들에게 자발적으로 노출된 위험이 아니라 정부에 의해 강제적으로 노출된 위험이며, 시민이라는 이름의 개인에 의해 통제할 수 없는 위험이다.

그리고 한번 사고가 발생하면 대규모 인명이나 재산피해를 유발하는 치명적인 위험이고, 자연에 의한 것이 아닌 사람에 의해 인위적으로 만들어진 위험이다.

이런 이유로 사람들은 원자력발전소에 대한 위험인식이 높은 것이다.

그런데 사람들이 그렇게 단순하지 않다. 사람들은 어떤 대상이나 상황을 파악하는데 있어 이성적인 기준을 두고 판단하는 것이 아니라 감정적인 기준에 의해서도 판단을 한다.

우리의 뇌가 좌측 뇌와 우측 뇌로 구분되어 있고, 좌측 뇌가 이성과 논리를 담당하고, 우측 뇌가 감정이나 감성을 담당하듯이, 어떤 대상이나 상황을 위험하다고 느끼기 위해서는 당연히 좌측 뇌와 우측 뇌가 동시에 작동하는 것이다 (우리주변에는 각양각색의 사람들이 있다. 그리고 그 사람을 종종 평가하기도 한다. 어떤 사람은 상당히 이성적이고 냉정한 사람이라 피도 눈물도 없는 사람이라고 평가하기도 하며, 어떤 사람에 대해서는 너무나 감성적이고 감정적인 사람이라고 평가하기도 한다. 이처럼 누구는 이성적인 부분이 강하고, 누구는 감성적인 부분이 강한 이유는 좌측 뇌가 더 발달했는가, 혹은 우측 뇌가 더 발달했는가에 따라 나타나는 현상이기도 하다. 이것이 똑똑함의 기준은 절대 아니다. 독자는 오해 없으시라).

그리고 어떤 대상이나 상황에 대해 이성적 판단보다 감성적 판단을 하는 순간 사람들은 두려움이나 공포감을 느끼게 된다.

그리고 두려움이나 공포감은 위험을 정량적으로 판단해서 나타나는 것이 아닌 주관적인 감정에 의해 나타난다.

이러한 두려움이나 공포감을 느끼게 되면, 당연히 위험하다고 인식하는 정도가 높아지는 것이다. 그래서 두려움이나 공포심은 어떤 대상에 대한 위험인식을 높이는 매우 중요한 요소이다.

또한 두려움이나 공포감, 이에 기반한 위험인식이 사회적으로 확산되면 낙인화로 이어지게 된다.

"아, 저것은 매우 위험해. 만약 사고로 이어지면, 정말 심각할거야. 절대 찬성할 수 없고, 우리사회에서 사라져야 해"라는 낙인화가 진행된다.

이런 이유로 원자력발전소는 우리사회에서 '낙인화'된 위험이고, 터부시되는 위험이며, 수용 불가능한 위험인 것이다 (원자력발전소는 철저하게 관리되고, 통제되기 때문에 안전하다고 주장하는 정부나 관련 조직들 입장에서는 매우 억울할 수밖에 없는 상황인 셈이다).

5. 미디어가 더 위험해

미디어와 위험은 자극적이어야 효과가 있다

우리사회에서 원자력발전소에 대해 사람들이 가지는 위험인식은 그 냥 솔직하게 얘기하자면 낙인화이나 낙인효과에 기인한 면이 없지 않 아 있다.

그 동안 원자력발전소와 관련하여 노후화로 인한 운영상의 안전성 문제나 부품 결함 등의 문제가 제기되고 있으나, 체르노빌이나 후쿠시 마 원전폭발사고처럼 심각한 대형 사고로 이어진 바 없다 (물론 사소 한 실수가 대형사고로 이어진다는 점에서 원자력발전소 노후화로 인 한 안전성 문제는 매우 심각한 위험이다. 또한 사소한 부품 하나가 전 체 시스템의 문제로 연쇄반응을 일으킬 수 있다는 점에서 부품의 결함 도 마찬가지이다. 비록 자칫 대형사고로 이어질 수 있다는 잠재적 위 험성이 있으나, 그럼에도 한 번도 대형사고로 이어진 바 없다는 점은 어찌됐든 사실이다. 이러한 점을 정부나 관련 조직은 강조한다).

그런데 사람들은 왜 원자력발전소에 대해 두려워하고 공포심을 가 지는 걸까? 어떤 현상이든 원인이 있으면 결과가 있는 법이다. 원자력 발전소에 대한 두려움이나 공포감, 그로 인한 낙인화에도 그 원인은 있다.

그 원인은 바로 미디어라고 단언할 수 있다. 우리나라에 원전폭발사 고를 직접적으로 경험한 사람은 없다고 해도 무방하다. 그런데 우리는 어찌됐든 경험했다.

신문이나 TV 등 미디어를 통해 체르노빌 원전폭발사고를 경험했고, 후쿠시마 원전폭발사고를 그냥 경험한 것도 아니고 정말 생생하게 경험했다.

사람들은 미디어의 후쿠시마 원전폭발사고 보도를 보면서 가뜩이나 두려움이나 공포의 대상이었던 원자력발전소에 대해 보다 더 큰 두려움과 공포감을 가졌다.

그 동안 막연하게 가졌던 두려움이나 공포감이 각성되고 증폭되어 원자력발전소에 대한 위험성이 실제적 위험으로 다가 온 것이다.

미디어의 후쿠시마 원전폭발사고에 대한 보도는 가히 자극적이고 선정의 끝을 달렸다. "일본침몰, 초토화, 재앙" 등의 자극적인 헤드라인 제목을 연신 날리면서 사람들의 공포심을 증폭시켰다.

또한 해설을 바탕으로 충분한 정보를 제공하기보다는 사건사고, 갈등 중심 (후쿠시마 원전폭발사고를 둘러싼 책임공방이나 늦장대처, 원전사고 후속처리를 위한 정부나 조직의 갈등) 의 보도태도를 보였고, 재난이나 불법행위 (기술적 문제가 아니라 사람의 실수에 의해 발생한 폭발사고, 또는 관리태만과 경솔함, 나태함이 가져다 준 인재라는 식의 보도) 에 초점을 맞춰 비 기술적 측면의 위험성과 심각성을 부각시켰다.

특히, 후쿠시마 원전폭발사고의 원인이 어디에 있는가의 문제를 떠나 비 기술적 측면의 인재(人災)에 초점을 맞추었다는 사실은 우리나라의 원자력발전소도 인재로 인해 언제, 어느 때든 대규모 폭발사고로 이어질 수 있다는 점을 내포함으로써 사람들의 두려움과 공포심을 더욱 자극하는 셈이 되었다.

신문이나 TV 모두 헤드라인은 매우 중요한 요소이다. 왜냐하면 헤드라인은 수용자들에게 전달하고자 하는 메시지의 핵심이기 때문이다.

또한 헤드라인이 이른바 속어로 섹시해야 사람들이 관심을 갖고 본다. 즉, 선정적이면서도 자극적인 제목이어야 사람들이 그 헤드라인에 주목한다는 의미이다. 뉴스를 전달하는 미디어들은 항상 뉴스에 대한 사람들의 주목이나 관심을 목말라 한다.

그래야 사람들에 대한 미디어의 영향력으로 이어지기 때문이다. 사람들에게 막대한 영향력을 미치는 미디어는 그 자체로 '권력'이자 '권위'이다. 신문을 예로 들면, 세계 어디를 가더라도 권위 있는 신문은 사람들로부터 커다란 신뢰를 받는다. 그 신뢰는 곧 대중에 대한 영향력으로 이어지기 때문에 정부도 권위 있는 신문에 대해 상당히 조심스러워 한다.

하지만 '권력이 있는 신문'과 '권위 있는 신문'은 분명히 다르다. 즉, 권력이 있는 신문과 권위가 있는 신문은 둘 다 대중에 대한 영향력이 있다는 점에서는 별 차이가 없으나, 권력이 있는 신문은 사람들의 신뢰를 이용하여 자사의 잇속을 챙기지만, 권위 있는 신문은 자사를 믿어주는 수용자들의 믿음과 신뢰에 부응하기 위해 언론으로서 최선의 노력을 다한다.

불행히도 우리나라에 권위 있는 신문은 단언하건데 없다. 이에 반대 의견이 있는 기자나 신문사가 있다면, 그 어떤 외압에도 불구하고 대중들에게 객관적이고 공정하며, 균형 있는 보도를 지금까지 쭉 해왔다고 자신 있게 얘기할 수 있는지를 먼저 생각해볼 필요가 있다.

그리고 만약 한줌의 가책도 없이, 양심적으로 자신 있게 '그렇다'라고 대답할 수 있다면, 그것은 분명 '권위 있는 신문'이라고 자신할 만하다. 다만, 그 권위는 보편적 다수의 대중들로부터 나온다는 사실을 명심해야 한다 (우리 신문은 보수적 성향의 사람들에게, 우리 신문은 진보적 성향의 사람들에게 신뢰가 높다는 식의 헛소리는 하지 말길 바란다). 그리고 시청률 (신문은 구독률)과도 무관하지 않다. "시청률은 곧 광고"라는 등식이 성립되기에 시청률을 높이기 위한 전략의 일환으로 자극적이면서도 선정적인 헤드라인이 자주 사용된다.

그래서 후쿠시마 원전폭발과 같은 사고는 비록 그것이 옆 나라의 문제라고 하더라도 사회적으로 커다란 관심을 유발하는 사건사고라는 점에서 사람들로부터 커다란 주목을 받을 수 있고, 거기에 자극적이고 선정적인 헤드라인을 조화시킨다면, 그 효과는 더욱 커질 것이다 (한편으론 미디어도 먹고 살아야 하니 이해는 하지만 상황을 봐 가면서 했으면 좋겠다).

불안은 미디어를 타고 확산 된다

사람들은 미디어가 특정 위험에 대해 보도를 통해 쟁점화하면 미래의 어느 순간 심각한 재난으로 이어질지도 모른다는 위험신호를 느끼게 되고, 이에 따라 일어나지도 않은 위험에 대해 불안을 느끼게 된다. 예를 들어, 닭고기 요리를 통해서 조류독감에 걸릴 확률이 아무리 낮더라도 조류독감 뉴스가 나오면 닭고기 소비가 현저하게 줄어든다.[43]

이는 사람들이 과학적 데이터가 아닌 미디어에 의한 위험신호를 더 선호한다는 것을 뜻한다.

우리나라에서 미디어가 만들어 낸 과장된 위험신호로 인해 불안감이 조장되고, 이러한 불안감이 오히려 엉뚱한 결과를 초래하여 수백 명의 사람들이 사망한 어이없는 사고가 있었다.

그것은 바로 가습기살균제 사건으로써, 가습기살균제로 인해 기도 손상이나 호흡곤란, 기침, 급속한 폐 손상 등이 발생해 영유아는 물론 아동, 임신부, 노인 등이 사망하였다.

이 사건은 2011년 5월에 미확인 바이러스에 의한 폐질환으로 산모들이 잇따라 사망하면서 알려지기 시작하였다.

2011년 11월에 이르러서야 역학조사와 동물흡입실험을 통해 시중에 나와 있던 6가지 가습기살균제 제품에 대한 위해성이 확인되고서야 제품 수거가 이루어졌다. 그리고 사건이 발생한지 5년이 지난 2016년에 이르러서야 전담수사팀이 구성되어 수사가 이루어졌고, 이를 통해 옥시, 와이즐렉(롯데마트 PB제품), 홈플러스, 세퓨의 가습기살균제

---

43) 김영욱(2008). 위험, 위기 그리고 커뮤니케이션. 서울: 이화여자대학교 출판부.

제품이 폐 손상을 유발했다는 잠정적 결론을 내렸다.

가습기살균제 사건은 1994년 제품이 처음 출시되어 2011년까지 18년 동안 24개의 제품이 최소 719만개나 팔렸고 전 국민의 20%인 1천만 명이 사용했으며, 이중 5만 명의 피해자가 발생하였다.

2017년 4월 21일까지 정부에 신고 된 피해자가 5,561명이고 이중 21%인 1,181명이 사망자다. 여기서 문제는 가습기살균제의 이용을 누가 부추겼는가 하는 것이다.

사실 가습기살균제는 1990년대부터 어린이나 가족의 건강을 지키기 위해서는 가습기살균제 이용이 필수적이라는 메시지가 언론을 통해 등장하였다.

예컨대, 감기나 천식, 독감 등을 예방하고, 산후조리나 노인들의 건강을 위해서는 가습기를 사용해야 한다는 위험신호가 미디어로부터 흘러나오기 시작한 것이다 (당연히 기사의 신뢰성을 높이기 위해 유명 병원의 의료진 이름들이 기사에 장식되었다).

미디어의 입장에서는 실내습도의 조절이 중요하다는 것을 강조한 것이었으나, 결과적으로는 가습기살균제의 사용을 미디어가 부추긴 것이나 마찬가지인 상황이 되어버렸다.

사실 실내 난방을 불편하지 않을 정도로 최대한 낮추는 것이 습도 조절에 유리하고, 차라리 옷을 하나 더 입는 것이 건강에도 좋고 에너지 절약 측면에서 좋다.

그러다가 시간이 지나면서 가습기살균제의 사용이 독감 등과 같은 질병을 예방하는데 좋고, 심지어는 가래가 묽어지고 코 막힘이 줄어든다는 식의 질병치료로까지 이어지면서 가습기살균제의 이용 자체를 권장 수준을 넘어 가정에 반드시 구비해야 할 제품으로 보도하기 시작하였다. 이러한 보도는 이전보다 강력한 위험신호로 작용하였고, 사람들은 가습기살균제의 사용이 마치 의무화된 것과 같은 느낌이 들 수밖에 없을 것이고, 뇌리에 각인되었을 것임에 틀림없다.

이처럼 미디어로부터 위험신호가 지속적으로 쏟아지게 되면, 사람들의 입장에서는 그 위험신호에 대해 무시할 수 없게 되며, 이런 상황에서 과학적 데이터는 아무런 의미를 지니지 못하게 된다.

더구나 미디어가 위험신호의 권위나 신뢰성을 높이기 위해서 의학전문가의 인터뷰 내용을 추가하거나, 의학전문가로부터 자문을 받았다는 식의 전문가 인용이 포함될 경우에 사람들은 무조건 믿을 수밖에 없다.

미디어의 메시지나 뉴스보도를 통해 사람들에게 전달되는 위험신호는 예기치 못한 위험 문제를 양산할 수도 있다. 이러한 위험신호는 비단 가습기살균제처럼 잠재적 위험에 대한 예방적 차원뿐 아니라 특정재난이나 사건사고가 이미 발생한 이후에도 사람들에게 각인되어 또다른 문제를 유발하기도 한다.

가령, 태안반도의 기름유출 사고 때 무려 120만 명의 자원봉사자가 참여, 태안반도 지역 곳곳에 널려 있던 기름오염을 제거하였고, 이는 '태안반도의 기적'으로까지 불리 워 지기도 하였다.

태안반도의 기름오염 제거에 수많은 자원봉사자들이 참여한 데에는 미디어의 집중적 보도에서 나오는 힘 (미디어는 기름오염의 심각성과 폐해, 이로 인한 지역경제의 심각한 타격, 도움이 절실하다는 식의 보도를 지속적으로 내보냈다) 역시 분명히 반영되었을 것이다.

하지만 태안의 기적을 일궈낸 이면에 또 다른 문제점이 나타나기도 하였다. 미디어의 지속적인 보도와 기름오염 제거의 필요성을 강조하기 위해 기름의 환경오염에 대한 심각성을 대대적으로 보도하였고, 이러한 집중적 보도는 결국 태안지역의 해산물이나 농산물 판매, 해수욕장, 바다낚시 등의 관광산업에 심대한 타격을 미치기 시작하였다. 이는 태안이라는 지역 전반에 걸쳐 부정적 이미지를 심어주기에 충분하였다.

결국, 어업으로 먹고사는 마을지역주민들은 수입 감소로 인해 물리적, 정신적 피해를 당할 수밖에 없었고, 지역경제는 파탄이 날 정도의 심각한 피해를 입었다.

물론 미디어가 의도한 것은 아니었지만, 미디어의 보도가 위험신호로 둔갑해 사람들의 불안을 조장하는 한편, 심각할 경우에는 예상치 못한 피해나 새로운 위험을 양산할 수 있다는 사실을 우리는 명심해야 한다.

특히, 미디어의 과도할 정도의 위험신호는 때론 두려움이나 공포감을 조장, 증폭시켜 사회적 혼란을 양산하기도 한다. 물론 두려움이나 공포는 특정 위험대상 또는 위험요소에 대한 각성을 유발, 해당 위험을 사전에 예방하도록 하는데 긍정적 영향을 미치기도 하지만 때로는 과도한 위험신호로 사회적 혼란을 부추기는 위험요인으로 급변하기도 하다.

다시 말해서, 의도치 못한 반작용을 유발하는 것이다. 예컨대, 2009년에 전 세계를 휩쓴 신종플루로 인해 당시 국내에서 유사환자 및 의심환자의 수가 증가하는 상황에서 국내 미디어는 백신이 부족하고, 그

효과성에 의문이 들며, 백신 개발이 불투명 하다는 식의 보도를 경쟁적으로 내보냄으로써 많은 사람들이 불안과 공포감으로 극심한 사회적 혼란을 경험하였다.

이러한 사례에서 알 수 있듯이, 미디어는 때론 과도한 위험신호를 양산해 사람들의 불안감을 양산하고, 그 정도가 심할 경우에는 사회적 혼란으로 이어지기도 한다. 따라서 미디어가 위험을 보도할 때는 일정한 기준이 있어야 하고, 이러한 기준은 사람들의 다양한 위험문제에 대한 관심이 높아질 때, 가능할 것이다.

누구도 우리를 보호해 주지 않는다

비선실세들의 국정농단 사건으로 어수선하던 2016년 11월 30일, 온 나라를 공분하게 만든 가습기 살균제 사건의 피의자들이 중형을 선고 받았다. 가습기살균제로 인한 폐 손상이 원인으로 추정되는 잇단 사망 사건이 발생한 2011년 이후 관련자들의 처벌이 처음으로 이루어진 것 이다. 사건 발생 직후부터 피해자들은 국가와 업체에 진상규명·피해 보상을 촉구했지만 검찰 수사는 2015년에야 본격화되었다. 무려 5년 의 시간이 걸린 것이다. 사정당국과 언론, 그리고 우리사회가 당초 관 심을 더 갖고 외면하지 않았다면 그 시간은 더욱 단축되었을 것이다.

가습기살균제의 비극은 1994년으로 거슬러 올라간다. 1994년 11월 16일 매일경제신문에서 국내 회사(유공, 現SK케미칼)가 처음으로 가 습기살균제44)를 개발했다는 기사가 보도되었다. 기사에서는 '독성실 험결과 인체에 전혀 해가 없다'는 개발회사의 입장을 소개했다.

이 신문기사가 한국사회에서 최초로 가습기살균제라는 이름의 생활 제품을 대중에게 알린 계기이다. 세계 다른 어느 나라에서 생활제품으 로써 가습기살균제를 사용하는 경우가 아직까지 보고되지 않고 있어 이 내용은 세계 최초일 것으로 생각된다.

이로부터 약 17년이 지난 2011년 5월11일 '미확인 바이러스 폐질환 으로 산모들이 잇달아 사망했다'는 내용이 보도되었다. 이어 8월31일 보건복지부 산하 질병관리본부는 "가습기살균제 사용 시 원인미상 폐 손상이 47.3배 높다"는 내용의 서울시내 한 종합병원에 입원한 산모환

---

44) 이규연 외(2016). 가습기 살균제 리포트. 중앙 Books.

자들을 대상으로 한 역학조사결과를 발표하였다. 질병관리본부는 시민들에게 가습기살균제를 사용하지 말 것과 제조판매회사들에게 판매를 자제할 것을 권고하였다. 인체에 해가 없다던 가습기살균제의 인체독성을 정부당국에서도 인정하는 상황에 이르게 된 것이다.

가습기살균제 때문에 큰 인명 피해가 생긴 배경에는 여러 가지 요인이 있을 수 있다. 가습기는 장착한 초음파 장치가 가열 장치를 이용해 가습기통의 물을 미세한 수증기 입자로 만들어 공기 중에 분사해 실내 습도를 높이는 용도로 사용하는 가전제품인데, 그 수증기가 될 물에 넣는 강력한 살균 성분의 화학물질이 바로 가습기살균제다.

기업들은 가습기살균제의 살균 성분이 인체에 악영향을 줄 수 있는 화학물질이라는 사실을 잘 알면서도 '우리 몸속, 특히 폐에 그 화학물질이 미세한 입자 형태로 지속적으로 다량 들어갈 경우, 건강에 어떤 영향을 끼칠지에 대한 연구나 임상실험'을 게을리 하거나 전혀 하지 않았다. 정부 또한 가습기 살균제의 제조 및 판매를 허용하면서 건강영향에 관한 어떤 안전관리도 하지 않았다.[45]

물론 대중의 건강(특히 자녀를 둔)에 대한 지대한 관심, 황사와 미세먼지, 메르스와 지카 바이러스 같은 낯선 전염병의 등장으로 인해 세균에 대한 극심한 공포현상 그리고 아파트 위주의 주거문화 변화(잦은 난방, 새집 증후군 등으로 가습기의 사용량이 증가) 등의 사회문화적 요인들도 가습기살균제라는 과학기술문명의 이기에 대한 대중의 맹신을 부추기는 촉매제가 된 것도 부인할 수 없는 사실이다.

또한, 대중의 가습기살균제에 대한 맹신과 세균공포증을 일견 언론

---

45) 안종주(2016). 빼앗긴 숨: 최악의 환경 비극, 가습기 살균제 재앙의 진실. 한울.

이 부추겼다는 것은 이번 사태를 통해 확인하였다. 일반 대중들이 미생물이 일으키는 질병에 대한 정확한 인식과 지식이 없는 상황에서 만약 언론이 침대 시트나 옷에 세균이 득실거린다거나 가구와 컴퓨터 자판, 휴대폰, 그리고 책과 지폐, 화장실과 마룻바닥 등에 세균이 검출된다는 사실만을 보도해도 민감하게 반응할 수밖에 없을 것이다.

이들 가운데 어린이가 있거나 병에 민감한 사람들은 한 달에 수십만 원의 비용을 들여 온 집안과 집안 내 각종 용품에 살균제를 도포할 것이다. 가습기살균제에 대한 대중의 관심과 적극적인 사용도 일견 이러한 언론보도의 호들갑과 건강염려보도에 기인한바 크다고 할 것이다. 또한, 소비자 보호에 앞장서야 할 시민단체/환경단체의 기업 감시활동에 대한 방기(放棄)도 비판의 도마에 올랐다.

2016년 현재 가습기살균제로 인한 사망자는 150여명이 넘었다. 우리 국민의 20%가 가습기살균제를 사용했을 것이라는 여론조사 추정치 등을 더하면 향후 피해규모는 가늠하기 어려운 상황이다. '세계 최악의 바이오사이드(biocide, 살생물제) 참사'라는 외신의 보도가 현실화되고 있다.

가습기살균제 사태는 한국사회의 여전한 안전 불감증, 리스크 시스템의 부재, 그리고 구성원들 간의 소통의 문제 등의 요인들이 복합적으로 뒤엉켜서 터져 나온 참사이다. 1994년 첫 가습기살균제가 출시된 이후 누군가가 그 위험에 대해 주목하고 경고하고, 의제화(agenda-setting) 했다면 막을 수도 있었을 사건이다.

가습기살균제 사태는 대형재해는 예고된 재앙이며, 무사안일주의가 큰 사고로 이어진다는 하인리히 법칙(Heinrich's law)을 상기시킨다.

하인리히 법칙은 '대형 재해는 언제나 사소한 것들을 방치할 때 발생 한다'고 설명한다. 가습기살균제 사태는 한국사회의 화학물질 안전관리시스템에 거대한 '구멍'이 존재한다는 사실을 보여주었다. 그 구멍들은 가습기살균제의 제조사인 기업, 관리책임이 있는 정부, 리스크 이슈를 공론장으로 끌어 들여야 하는 언론, 감시의 기능을 수행해야 하는 환경·시민단체 등의 도처에 자리하고 있었다. 가습기살균제 사태는 한국사회의 총체적인 리스크 대응 실패, 리스크 커뮤니케이션 실패의 민낯을 보여준다.

비극의 시작인 가습기살균제는 1994년 유공(SK케미칼)에서 출시한 '가습기 메이트'라는 제품에서 시작하였다. 18억 원의 돈을 들여 개발에 성공한 가습기살균제로서 당시 기업 측의 개발배경은 질병관리본부에서 발표한 <가습기살균제 건강피해 사건 백서>를 통해 추측해 볼 수 있다.

"1980년 유공의 석유 위주의 에너지 분야 경영권을 선경이 인수하고 에너지와 석유화학 두 개 분야의 사업 구조를 추진한다. 석유화학은 나중에 화학 분야로, 그리고 고분자, 생물공학, 정밀화학으로 영역을 확장하게 된다. 석유사업 분야의 장기적 성장한계에 위기의식을 느낀 회사는 의약, 생명공학이 포함된 정밀화학 사업 분야의 진출을 바라보게 된다. 그리하여 1985년 연구소가 설립되고 생물공학연구팀은 1988년 원유 및 석유제품 보관 때 발생하는 곰팡이에 의한 제품 품질 저하를 해결하기 위한 연구를 시작한다. 그 결실로 1990년 천연 해조류로부터 새로운 곰팡이 제거 물질을 개발하게 된다. 이를 제품명 '팡이제로'로 시장에 판매한 것이 1993년이었다. 이를 시작으로 이 회사는 기존 제품의 문제점을 보완하기 위하여 상품의 종류를 확대하는 신제품 개발에 착수하여 1994년 가습기메이트를 출시하였다. 이 분야의 신제품 개발에는 회사 간 경쟁이 치열한 것을 알 수 있는데, '팡이제로'가 시장에 나와 불티나게 팔리자 몇 달 후 LG화학이 경쟁상품인 '곰팡이 아웃'을 내놓는다. '팡이제로'의 개발과 시판을 살펴보면 유공이 새로운 물질을 개발한 후 3년 만에 시판하게 된 것을 알 수 있다. 그리고 상품의 종류를 바꾸어 가습기에 사용하게 되는 기간 은 1년 이하로 나타났다."

살균제 시장의 과도한 경쟁 속에서 가습기살균제라는 탄생하지 말 아야 할 제품이 세상의 빛을 보게 된 것이다. 무엇보다도 문제는 이 제품을 개발하면서 유공 측에서는 흡입독성, 경구, 피부 독성 실험을 전혀 실시하지 않았다는 것이다. 물에 잘 녹는 가습기살균제가 흡입을 통해 기도와 폐 속을 침투하여 끔찍한 결과를 초래할 수 있다는 것을 기업에서는 이미 알고 있었을 가능성이 높음에도 불구하고 오히려 가 습기살균제를 사용함으로써 가족을 위해 건강한 환경을 제공할 수 있 다는 제품 홍보에 열심이었다. 실제로 2013년 심상정 의원실 자료에 따르면 SK케미칼은 가습기살균제 원료의 흡입 독성을 이미 알고 있었 다는 사실이 밝혀지기도 하였다.

1994년 유공의 최초 제품 '가습기 메이트'의 시장 출시이후에 가습 기살균제는 사용국민만 1,000만 명에 육박하는 생활 속 필수화학제품 의 대명사가 되었다. 옥시, 애경(SK케미칼의 '가습기 메이트'를 2001 년부터 판매), 세퓨, LG생활건강, 롯데마트 등의 다양한 기업에서 내 놓은 가습기살균제는 저렴한 가격으로 국민들에게 판매되었다. 그 결 과는 세계에 유래 없는 바이오사이드참사로 이어진 것이다.

흔히 이야기하는 '블랙박스 이론(Blackbox Theory)'이 있다. 이는 소 비자들이 복잡한 시장에서 이해하기 어려운 과정이 존재한다는 것을 말해준다. 시장의 어느 부분들은 소비자에게 투명하지 않게 진행되며, 결국 소비자는 출력된 제품만 아는, 극히 제한된 정보로 살아간다는

것이다.[46]

SK케미칼, 옥시 등의 가습기살균제 제조 기업들은 화학제품 제작 공정의 복잡함을 '블랙박스'라는 투명하지 않은 상자 속으로 모두 감추고, 어린아이들에게도 안전한 성분을 사용하여 살균제를 만들었다고 대대적으로 홍보하였다. 출력된 제품만을 대중에게 홍보한 것이다.

이러한 제조공정의 블랙박스는 현대의 기업들에게 모두 존재한다. 과학기술이 발전하면서 제품의 제조공정이 더욱 복잡해지고, 제품 제작에 참여하는 협력자들이 더욱 많아질수록 블랙박스 속의 상황을 이해하기는 더욱 어려워진다. 기업들이 마음먹고 속이려고 한다면 우리는 의심 없이 그 제품을 사용할 수밖에 없다. 가습기 살균제도 '물때와 곰팡이를 안전하게 살균해주는 마법의 물질'이라고 포장된 제품이었다.

그러나 블랙박스 속의 상황을 우리가 모두 알지는 못하더라도, 그 속에서 사람의 건강을 철저하게 파괴시킬 제품이 탄생하고 있다는 것을 우리가 알게 되었다면 어떨까? 그 속에서 무엇인가 불편하고 위험한 일들이 발생한다는 것을 공유하지 못하는 것에서 오는 기업에 대한 신뢰 붕괴, 공포감을 누가 보상할 수 있을까? 결국 기업들은 가습기 살균제=밀폐된 실내에서 인체에 위해한 화학물질 살포'라는 공식을 블랙박스 속에 철저하게 감춘 것이다.

가습기살균제 제품 위해성에 대한 사전정보와 경고도 하지 않은 기업들은 사고 이후의 처리에서도 실망스러운 모습을 보였다. 특히, 전체 피해자의 80%가 사용했던 제품을 생산한 옥시레킷벤키저 (2001년 동양화학의 생활용품제조사인 옥시를 영국의 생활용품업체인 래킷베

---

46) 이규연 외(2016). 가습기 살균제 리포트. 중앙 Books.

키저가 인수하면서 사명을 옥시레킷벤키저로 변경하였다)의 대응은 주민, 소비자의 알권리보다 기업의 이윤을 우선시하는 非윤리적 기업의 단면을 보여주고 있다.

2013년 4월, 국제 어린이구호단체 '세이브 더 칠드런'은 5살 이하 어린이를 사망에 이르게 하는 가장 심각한 문제 중 하나를 치유하겠다고 발표했다. 바로 연간 80만명이 넘는 어린이의 사망을 불러오는 설사병이었다. 그런데 어린이 설사를 예방하기 위해 혁신적인 기술 개발과 캠페인이 필요했다. 막대한 돈이 필요했다. 그 고결한 뜻에 공감해 캠페인 비용을 기부하겠다고 나선 기업이 있었다. 3년 동안 235만 파운드(약 39억 원)를 내놓겠다고 밝혔다. 그뿐 아니라 자신들이 나서서 어린이 설사병을 예방할 수 있는 제품을 개발하는 데 투자하겠다고 했다.

이 기업이 레킷벤키저였다. 한국 어린이들이 사망하는 등 심각한 고통을 겪게 한 가습기 살균제를 만든 옥시레킷벤키저(현 RB코리아)의 영국 모기업이다. 레킷벤키저는 사회책임경영(CSR)을 표방하는 기업이다. 영국 왕자가 이끄는 기업네트워크 '커뮤니티의 기업'이 내놓은 기업책임지수에서 두 번째로 높은 '플래티넘' 등급을 받기도 했다. 경제·환경·사회의 균형 있는 발전에 기여하는 기업들을 선정해 넣은 다우존스 지속가능성지수에도 편입되어 있다.

하지만 한국에서 수많은 이들을 죽음에 이르게 한 옥시레킷벤키저의 기업위기대응은 이들이 '과연 사회책임경영을 표방한 기업이 맞는가?'라는 의문을 들게 할 정도로 고개를 내두를 수밖에 없다. 옥시레킷벤키저는 어린이를 비롯하여 수많은 사람이 죽어가는 중에도 적절한 행동에 나서지 않았다. 정부의 가습기살균제에 대한 조사가 본격화하자 2011년 12월 12일 '주식회사 옥시레킷벤키저' 법인을 해산하고 같은 날 '유한회사 옥시레킷벤키저'를 설립하는 꼼수를 통해 기업 정보를 감추었다. 주식회사와 달리 유한회사는 책임이 제한되기 때문이다. 이 때문에 옥시레킷벤키저가 책임 회피를 위해 법인을 고의로 청산했다는 의혹이 제기되고 있다.

옥시레킷벤키저는 또한, 한국 지사와 영국 본사 모두 책임 인정에 주저하는 모습을 보였다. 법적 대응방식을 선택했고 2011년 이후 피해자와의 소통은 법정에서만 이루어졌다. 옥시레킷벤키저 대표인 샤시 쉐커라 파카는 우리나라 국회의 출석요구를 몇 차례 거부하다가 2013년 11월 1일 환경노동위원회에 나왔다. "지원을 필요로 하는 개인 및 가족들을 위해 50억 원 규모의 지원기금을 인도적 차원에서 조성하겠다"고 밝혔다. 그러나 진정성 있는 책임인정은 없었다.

비단 옥시레킷벤키저 뿐만이 아니었다. 롯데는 관련 업체 중 가장 먼저 사과를 하기는 했지만 검찰 수사망이 좁혀오자 쫓기듯이 성의 없는 대응을 하였고, 가습기살균제를 시장에 처음 소개한 기업이자 피해자들이 사용한 살균제 대부분의 원료를 공급한 SK케미칼은 가습기살균제의 독성을 알면서도 방관했으며, 각종 의혹 자료를 조작하려는 움직임이 포착되는 등 혐의를 벗기 위해서 철저한 사실은폐의 모습을 보였다.

특히 박근혜 정부에서의 국가 리스크 관리시스템의 문제는 향후 심각하게 비판하고 논의해야 할 부분이라고 생각된다. 유독 많은 재난, 재해가 발생하였고, 그 리스크에 대한 대응들은 '망우보뢰(亡牛補牢)'와 '사후약방문(死後藥方文)'이라는 어구로 요약하는 것이 적절할 정도로 한마디로 '무대책' 수준이었다. 비단 박근혜 정부 뿐만 아니라 그 동안 우리가 겪었던 수많은 정부의 리스크 대응실패사례들을 떠올려 보면, 그 원인을 결국에는 리스크커뮤니케이션의 실패로 볼 수 있다. 리스크커뮤니케이션이든 헬스커뮤니케이션이든 모든 커뮤니케이션의 성공은 커뮤니케이션 당사자 간 공감과 진정성, 신뢰에 있다. 메르스 때도 병원의 이름을 함구하고 비밀주의와 함께 중앙정부와 지방정부 간 정보 공유와 협력 부재, 환자 발생 숨기기, 부실 역할조사, 대통령 을 포함한 책임자의 사과 외면, 정부와 삼성병원의 책임 떠 넘기기 등 으로 사실상 리스크관리를 포기했다는 지적을 받았다. 리스크 상황 때 는 커뮤니케이션은 생명과도 같은 것이다. 불통을 신조로 삼지 않았다 면 어떻게 그런 행동을 하겠는가.

가습기 살균제 사건에서도 산업통상자원부, 환경부, 보건복지부 간 의 책임 떠넘기기와 제도 미비 탓 등 남 탓으로 돌리는 고질병이 다시 도졌다는 비판이다. 온몸으로 퍼진 전이된 암은 어느 한 곳을 도려내 도 아무런 소용이 없다. 작금의 정부의 대응이 바로 그런 형국이다. 소 통 부재는 어느 특정 부처만의 문제는 아니다. 청와대와 여당, 야당, 그리고 거의 모든 부처에서 벌어지고 있는 일상적인 모습들이다. 검찰 수사 늑장도 같은 맥락에서 보면 이해가 된다.

가습기살균제라는 비극의 빗장을 활짝 열어 준 것은 바로 정부였다. 화학물질의 등록, 허가를 담당하는 환경부는 최초 제품인 유공의 '가 습기 메이트'에 대해서 별도의 독성 실험을 요구하지 않았다. 심지어 화학물질을 이용한 신종제품이 탄생하는 것조차 파악하지 못하고 있 었다. 제품에 사용된 CMIT · MIT 성분 (1960년대 말 미국 롬앤하스사

(R&H사)가 개발한 유독 화학물질로 메칠클로로이소치아졸리논(CMIT)과 메칠이소티아졸리논(MIT)의 혼합물이다. 물에 쉽게 녹고 휘발성이 높으며 자극성과 부식성이 커 일정 농도 이상 노출 시 피부, 호흡기, 눈에 강한 자극을 준다. 국내에서는 1991년 SK케미칼이 개발한 이후 가습기살균제, 치약, 구강청결제, 화장품, 샴푸 등 각종 생활화학제품에 사용돼 왔다) 이 기존에도 사용되던 물질이라는 이유 때문이었다. 당시의 화학물질 관리법에 따르면, 신규등록물질이 아닌 화학성분에 대해서는 독성 실험 의무가 없었다는 것이 환경부 관계자의 설명이다. 가습기살균제의 사용법은 알려진 대로 물통에 직접 넣어 세균과 물때를 제거하는 방식이었다. 화학 성분이 물과 함께 기화해 인체에 직접 흡입되는 식이었지만, 환경부의 공무원 누구도 이 화학성분과 제품에 대해 제동을 걸지 않았다.

환경부가 화학물질 관리에 실패했다면, 제품을 시장에 풀어준 건 공산품 관리를 총괄하는 산업통산자원부 즉, 산자부였다. 산자부는 가습기살균제 사태가 터진 후 줄곧 무책임한 태도로 일관했다. '산자부가 가습기살균제 허가를 내준 적은 전혀 없다. 제조사들이 세정제가 아닌 살균제로 제품을 팔았기 때문이다'라며 오히려 산자부관리품목에 없던 가습기살균제 제조와 판매의 책임을 기업에게 전가하였다. 20여년 가깝게 수백 만 병이 팔린 제품을 산자부는 단 한 번도 유해성 검사를 하지 않았다. 검사할 수 없는 시스템이 없었다는 것이 그들의 변명이었다. '제품이 팔린 후 사후관리 외에는 방법이 없다'는 변명은 결국 事後관리가 아니라 死後관리가 된 셈이다.[47]

---

47) 이규연 외(2016). 가습기 살균제 리포트. 중앙 Books.

그렇다고 사후관리는 제대로 했는가? 2011년 4월 서울의 한 병원에 가습기 살균제로 인해 급성호흡부전 임산부들이 잇따라 입원했음에도 불구하고, 환경부와 보건복지부는 서로 역학 조사를 떠넘기는 행태를 보였다.

국가가 '기업하기 좋은 나라'를 만들겠다며 국민의 생명과 안전은 뒤로하고 기업의 돈벌이에 손을 들어주었다. 세월호 참사가 국가와 기업이 긴밀하게 유착됐다는 의혹을 샀다면, 가습기 살균제 사건에서는 국가가 기업에 좋게 화학 물질 규제에 소홀했다는 문제가 드러났다. 세정제로 쓰여야 할 화학 물질이 임의로 용도가 변경돼 호흡을 통해 몸 안으로 침투됐다. 화학 물질에 대한 노출 경로가 변경돼도 아무런 규제 장치가 없었던 것이다.

미국의 평론가이자 칼럼니스트인 월터 리프먼(Walter Lippmann)은 그의 저서 『여론(Public opinion)』에서 '언론이 보도한다는 건 어두운 밤에 탐조등을 드는 것과 같다'고 했다. 물론, 그 탐조등이 어디를 비추는지는 언론의 마음에 달려있지만 어두운 밤을 항해하는 누군가에게는 매우 큰 도움을 줄 수 있다.

특히, 과학기술을 주제로 한 보도에서는 더욱 언론의 탐조등으로의 역할이 중요할 수밖에 없다. 미국의 과학커뮤니케이션 연구자인 도로시 넬킨(Dorothy Nelkin)의 말처럼 대다수의 사람들에게서 과학의 실상은 그들이 언론에서 읽은 내용 그대로이기 때문이다. 사람들은 직접 경험했거나 과거에 받은 교육에 의해서라기보다는 저널리즘 특유의 언어와 이미지라는 여과망을 통해 과학을 이해하고 있다. 과학기술은 여전히 대중에게 이해하기 힘든 블랙박스와 같은 모습을 하고 있기 때문이다.

하지만 가습기살균제라는 깜깜한 블랙박스를 마주하고 있는 대중에게 탐조등의 역할을 해야 할 가습기살균제에 대한 언론보도는 무관심, 왜곡, 과학적 전문성 결여 등의 다양한 문제점을 노정하고 있었다. 오늘날 대다수 언론이 가습기살균제 관련 비판보도를 쏟아내고 있는 상황이지만, 가장 큰 피해자를 낸 가습기살균제 옥시의 '가습기 당번'이 출시된 2001년부터 2011년까지 가습기살균제 기사는 10년간 거의 존재하지 않다가 5년 전인 2011년 9월부터 가습기 살균제가 급성 폐질환을 일으켰다는 보도가 수없이 검색되고 있다. 언론 역시도 가습기살균제의 위해성에 대해서 전혀 관심을 기울이지 않았다는 의미이다. 심지어는 가습기살균제를 홍보하는 기사들이 버젓하게 언론에 소개되고 있었다.

한 의학전문기자가 인터넷 칼럼에서 반성한 바와 같이 '언론은 겨울이 오면 관행적으로 가습기 사용을 권장했고, 가습기 물때나 세균 번식우려가 있으니 물이 깨끗해야 한다고 강조해 은연중 가습기 살균제 사용을 부추겼다'고 볼 수도 있다. 세균을 죽일 수 있는 살균 물질이 인체를 손상할 수도 있다는 개연성을 미처 따져보지 못했던 것이다.[48]

또한 가습기살균제 보도가 과학저널리즘의 영역임에도 불구하고 '이슈'만 좇을 뿐 '과학'이 없었다는 비판도 거셌다. 카이스트 과학저널리즘 7기 연구팀이 2016년 10월 15일 발표한 '가습기 살균제 참사, 언론 보도에 대한 고찰' 연구결과에 따르면 가습기 살균제 참사의 경

---

48) 김영욱(2016). '위험사회' 언론의 역할과 보도 개선 방안: 정확 · 신중한 정보 제공으로 사회 안전 역량 키워야. 신문과 방송. 한국언론재단.

우 과학 저널리즘의 영역임에도 과학 저널리즘이 제대로 작동되지 않았다. 연구팀은 "기자들의 출입처 제도가 이번 사태 취재에 가장 큰 걸림돌"이었다며 "즉 얘기되는 출입처 보도 자료에만 언론이 끌려 다닌 것"이라고 비판했다(미디어 오늘, 2016. 11. 14). 2011년부터 2016년까지의 기간 동안 언론보도(조선일보, 중앙일보, 동아일보, 경향신문, 한겨레, KBS, MBC, SBS)의 분석결과, 다음과 같은 주요 결과들이 도출되었다.

우선, 기획·심층취재 보도는 미미하였고(전체 보도의 5%), 스트레이트 기사가 77.5%로 대다수를 차지한 것으로 나타났다. 연구팀은 "가습기 살균제 사태는 PHMG (가습기살균제의 대표적인 독성 물질 원료인 화학물질폴리헥사메틸렌구아니딘<PHMG>) 등 이해가 어려운 개념을 다수 포함한데다 기자들이 보도자료나 정부 발표 등에 의존하는 습성을 보였기 때문"이라고 분석하고 있다.

다음으로, 주요 취재원이 '수사기관'에 머무르고 있다는 분석도 제시되었다. 대부분 보도가 수사 결과 내용을 바탕으로 쓰였다는 이야기다. 비율로 따져보면 수사기관이 20.4%(308건), 피해자 17.6(266건), 행정부 15.6(236건), 업체 12.2%(185건), 시민단체 10.1%(152건), 전문가 9.7%(146건), 정치권 8.5%(128건), 외신 0.3%(5건) 순이었다. 이러한 상황 이다보니 검찰의 수사 진행과정에서 시점별 이슈가 없었다면 가습기 살균제 사태를 제대로 다룬 언론사가 많지 않았을 것이라는 유추도 가능하다.

'과학'이 실종된 과학보도의 특징도 드러났다. 가습기 살균제 기사에는 과학적인 검증과 분석이 담겨야 했다. 하지만 연구대상 기사 999

건 중 과학적 사실이 포함된 기사는 116건으로 11.6%에 그쳤다. 대부분 언론은 PHMG 등을 단순 인용만 했을 뿐 이를 심층적으로 분석하거나 인체에 미치는 영향 등을 풀어 설명하려는 노력을 보이지 않았다는 것이다.

가습기살균제 사건에서 우리언론은 위험을 감수하며 스스로의 힘으로 '탐사'하기보다는 발표 내용, 발설 내용을 그럴듯하게 포장해 '퍼나르기' 하는 데 급급했다. 근거가 희박하거나 무책임한 주장에 대해서 사실을 점검해서 여론이 올바르게 서도록 교정하는 역할을 해야 했음에도 그 책무를 방기했다.

위험세상(사회)에서 살아남기

1. 위험의 진화

위험의 진화와 확산

현대사회는 고도의 과학기술 위에 세워진 과학문명이다. 과학기술은 끝없이 진화해가고 있다. 진화라는 것은 스스로 생명력을 가지고 발전해 가는 것을 의미한다.

이제 과학기술은 하나의 주체로서, 인간과 함께 숨을 쉬고, 인간과 상호작용하면서 발전해가고 있다. 그러므로 인간은 과학기술에서 벗어나 독립적으로 살아갈 수 없는 주체가 되어가고 있다. 즉, 인간은 과학기술에 의존하여 살아갈 수밖에 없는 존재가 되고 있는 것이다.

지금은 인간이 과학기술을 통제하지만, 미래에는 이것이 역전되어 인간이 과학기술에 의해 통제되어 살아가는 시대가 도래 할지도 모른다.

이러한 가능성은 세계 도처에서 목격되고 있다. 가령, 세계 주요선진국들은 인공지능(Artificial Intelligence) 개발에 사활을 걸고 있다. 인공지능이 가져올 사업적 가치가 크기 때문이다.

인터넷산업은 기본이고, 거기에 금융(무역, 투자자문 등), 유통(맞춤형 제안과 구매), 의료(판독, 진단), 법률(자료판독), 보안(지능형 감시) 등 다양한 분야에서 인공지능이 활용될 것이며, 이러한 인공지능의 발전은 우리의 예상보다 매우 빠르게 이루어지고 있다.[49]

물론 인공지능은 우리의 일상생활에 적용될 경우에 모든 영역에서 인간의 삶의 편리성은 증대될 것이며, 보다 풍요로운 삶을 살아갈 수

---

49) 나준호(2016). 인공지능의 발전과 고용의 미래. 미래연구 포커스, LG경제연구원.

있을 것이다.

하지만 인공지능이 미래가 그리 장밋빛 미래만 있는 것이 아니다. 인공지능은 우리가 모르는 새로운 위험 원으로 변모할 가능성 역시 가지고 있다.

영화 <터미네이터>에서 나오는 것처럼, 인공지능에 바탕을 둔 기계가 인간을 지배한다거나 전 세계 컴퓨터와 네트워크를 장악, 전 세계 도처에 산재해 있는 핵미사일을 발사하여 인간을 멸망시킨다는 식의 위험성을 얘기하는 것이 아니다 (혹시 아는가? 정말 먼 미래에 이와 유사한 일이 발생할지도. 어느 누구도 장담하지 못한다).

인공지능 역시 사람이 만든 것이기에 오류의 문제를 따지지 않을 수 없다. 예를 들어, 인공지능이 적용된 자율주행자동차 (자율주행자동차는 컴퓨터가 모는 자동차로써 일명 '똑똑한 차'로 불리 운다. 레이저 센서를 통해 사방 200미터를 보고, 3D 지도로 변환해 주행 판단이나 제어, 습득정보 축적을 통해 상황에 맞는 대응법 학습, 물체/보행자 구분, 장애자/노약자 이동에 도움을 준다. 자율주행자동차가 보다 더 발전하게 되면, 아마도 스마트자동차가 될 것이다) 의 가장 커다란 문제점이 바로 '컴퓨터가 모는 자동차'라는 점이다.

해킹이나 바이러스 침투로 인해 오류나 오작동이 발생한다면, 사고와 같은 치명적인 문제로 발전할 수 있다.

실제로 미국의 자동차 회사인 테슬라의 모델 S라는 자율주행자동차가 2016년 5월에 도로테스트 도중에 트럭과 충돌하여 운전자가 사망하는 사고가 발생하였다.

조사결과, 부분 자율주행 기능인 오토파일럿(Autopilot)이 밝은 하늘

배경의 흰 트럭을 감지하지 못해 발생한 사고였다. 이 같은 오류는 언제라도 발생할 수 있다는 점에서 인공지능에 대한 환상은 사실 불안하기만 하다.

이처럼 기술적 오류나 오작동에 의한 위험도 심각한 문제이지만, 문제는 우리는 일상적인 삶의 영역에서 과학기술에 의해 새로운 문제가 발생, 확대되고 있다는 점이다. 예컨대, 실업이나 빈곤, 노동시장의 감소, 금융 위기, 부정부패, 각종 범죄, 대형화재나 추돌사고, 가족의 해체, 개인질병, 각종 사고, 대기오염, 기후변화, 심지어는 사생활침해나 해킹과 같은 과학기술 및 정보통신기술 위험 등의 문제들이 우리의 일상적인 영역으로 들어와 삶의 일부가 되어 가고 있다.

이것은 과학기술이 인간의 삶과 밀접해지면서 과학기술이라는 기술적 문제에서 일상적 문제로 부차적이면서도 새로운 위험들이 나타나고 있음을 의미한다.

이에 따라 위험의 범위가 크게 확장되고 있고, 위험이 발생하는 위치와 장소를 규정할 수도 없으며, 위험의 크기도 계산할 수 없을 뿐만 아니라 보상의 여부도 모호해지고 있는 것이다.

사소한 실수 하나가 전체에 영향을 미친다

오늘날 전 세계 컴퓨터들은 인터넷을 통해 하나로 연결되어 있다. 지식과 정보를 생산하고, 서로 연결시키는 월드와이드웹(world wide web), 그리고 우리를 둘러싼 수많은 것들도 네트워크를 통해 연결된다. 수많은 것들이 서로 복잡하게 얽혀 연결된 세계, 그래서 예측할 수 없는 세계, 이것이 우리가 살아가고 있는 현재의 네트워크 세상, 이른바 고도의 연결성 사회이다.

고도의 연결성 사회에서는 단절에 대한 공포와 불안이 존재한다. 항상 연결되어 있기에 단절에 대한 불안이 새롭게 찾아오는 것이다. 단절에 대한 불안은 '연결'을 더욱 더 '고도화'로 몰아가고 있다.

첨단 과학기술만이 단절이라는 위험을 통제할 수 있다고 믿기 때문이다.

하지만 이율배반적이게도 단절에 대한 불안을 치유하기 위해 우리는 더욱 더 과학기술에 의존하고 있다. 이것이 현재를 살아가는 우리들의 또 다른 모습이다. 전 세계는 인터넷이라는 네트워크, 즉 시스템에 의해 하나로 연결되어 있다.

시스템은 인간이 살아가는 모든 영역에 걸쳐 구축되어 있으며, 모든 과학기술의 산물은 시스템 속에서 유지되고 있다. 도로는 교통시스템 속에서 통제되고 있으며, 전기 역시 시스템에 의해 관리, 제어, 조절되고 있다.

원자력발전소 역시 인간의 개입은 최소화된 체 시스템에 의해 유지되고 있다.

이 뿐만 아니라 시스템은 국방, 경찰, 행정, 의료, 교육, 서비스 등 수많은 영역과 분야에 걸쳐 구축되어 있다. 이러한 시스템은 인간에 의해 발생할지도 모르는 오류를 줄이고, 운영의 효율성을 높임으로써, 인간의 삶의 편리성을 도모하기 위한 것이다.

결국 모든 영역에 걸쳐 형성된 시스템은 인간의 편리성과 효율성이라는 이름 아래 구축되어 있다. 그리고 이러한 시스템들은 컴퓨터와 인터넷이라는 네트워크를 통해 서로 긴밀하게 연결되어 있다.

그러면 이것이 왜 문제시되는가? 그리고 왜 위험한가? 모든 것이 하나로 연결되어 있기 때문에 위험한 것이다. 즉, 어떤 사소한 원인 하나가 촘촘히 연결되어 있는 시스템에 영향을 미친다.

가령, 우리나라의 고속도로망을 생각해보자. 우리나라 전국 곳곳에 고속도로망이 잘 깔려 있다. 고속도로망을 통해 전국이 하나로 연결되어 있는 것이다.

그런데 평상시에는 그렇게도 잘 뚫리던 고속도로가 출퇴근시간이나 연휴에는 그렇게도 잘 막힌다. 특히, 구정과 같은 최대 명절일 경우에는 온통 뉴스에서 나오는 말들이 고속도로가 너무 막혀서 서울에서 광주까지, 혹은 서울에서 부산까지 몇 시간 정도 소요된다는 뉴스로 가득 찬다.

소위 '귀경길 전쟁'이 발생하는 것이다. 이처럼 평상시 뻥뻥 뚫리던 고속도로가 막히는 원인은 당연히 한꺼번에 차들이 고속도로로 몰려들기 때문이다. 일종의 '과부하 현상'이 나타나는 것이다. 출퇴근시간이나 명절 때는 한꺼번에 차들이 몰려드니 정체현상이 나타나는 것은 자명하다고 치자.

그런데 평상시에도 정체가 종종 발생하는 경우가 있다. 이런 경우는 대부분 '도로공사'아니면 '사고'가 발생한 경우이다. 하지만 도로공사의 경우에 차량의 흐름이나 시간 등을 고려하여 공사하는 경우가 많다.

그래서 대낮에 고속도로에 정체현상이 발생했다면, 대부분 사고가 그 원인이라고 발생할 수 있다. 운전하는 사람들은 알 것이다.

고속도로에서 아무런 이유 없이 정체현상이 발생할 경우에 대부분 맨 처음 하는 말이 "왜 이리 막히지? 이상하네. 혹 사고 낫나?"이다. 그러면 대부분 그 말이 맞다. '사고' 하나가 사고가 발생한 일부 지역의 정체를 유발하고, 정체의 범위는 뒤에서 오는 차량들이 많아질수록 기하급수적으로 늘어나 결국 수십 킬로미터까지 정체가 발생한다. 고속도로 역시 하나의 시스템이다.

그런데 '사고'라는 예측하지 못했던 변수 하나로 인해 처음에는 사고 난 금방에서만 정체현상이 발생하다가 나중에는 사고 난 고속도로 전체로 이어진다.

이것이 바로 하나로 연결된 시스템의 문제이자, 시스템이 갖고 있는 위험이기도 하다.

2003년 미국 동부지역에 대규모 정전사태(Black Out)가 발생한 적이 있다 (블랙아웃은 모든 전력시스템이 일순간 정지가 되는 현상으로, 대규모 정전 사태를 가리킨다. 일단 블랙아웃이 발생하면, 그 즉시 전국에 퍼져있는 신호등이 꺼지면서 교통대란이 발생하고, 2~4시간 이상 지속 시 수돗물 공급 중단이 일어나며, 3시간 이상경과 시 가스 공급 중단, 음식점 및 주유소 영업중단, 3~4시간 이상경과 시 재래시장, 백화점, 마트, 편의점 영업중단, 사재기 현상, 관공서 및 금융기관 업무 중단, 4~6시간 이상경과 시 사람들의 고층 빌딩이나 지하철 고립, 8~12시간 경과 시 공항, 항만, 병원의 모든 시스템 작동불능, 18시간 이상경과 시 공중전화, 인터넷, 휴대전화 불통, 24시간 이상 지속 시 각종 통신망 완전두절, 범죄 등의 피해가 속출될 수 있다).

대규모 정전의 원인은 초기에 매우 사소한 것에서부터 시작되었다. 초고압 송전선로가 나무에 접촉하면서 누전이 일어났고, 누전의 연쇄 반응으로 인해 일부 설비가 추가 고장 나면서 작은 지역에 정전이 발생하였다.

하지만 이 지역의 전력망을 재빨리 차단하지 못하면서 정전이 자꾸 퍼져 결국 뉴욕 등 동부 지역 전체를 멈추게 한 대규모 정전사고로 확대되었다.

전력망도 하나의 시스템이다. 늘어진 전선이 나무에 접촉하면서 발생한 '누전'이라는 아주 사소한 문제가 전체 전력망 시스템을 붕괴시켜 버린 것이다.

이처럼 네트워크로 하나로 연결된 세상에서는 시스템 역시 연결되어 있어서 아주 사소한 오류나 실수 하나가 전체의 문제로 확대되어 심각한 위험으로 발전할 수 있다.

사람만 성격이 있는 것이 아니다. 위험도 성격이 있다

성격(Personality)은 개인의 독특한 심리적 체계인데, 사람에게만 있는 것이 아니다. 위험에도 성격이 존재한다. 위험의 성격은 다음과 같이 크게 4가지로 살펴볼 수 있다.[50]

첫째, 위험은 사람들이 예상할 수 있는 범위를 벗어나 있다. 위험은 모든 것에 편재되어 있으며 사람들의 눈에 잘 띄지 않는다. 위험이 눈에 띄지 않는 이유는 앞서서 언급했지만, 우리가 살아가는 사회에 일상적으로 위험이 내재되어 있기 때문이다. 따라서 현대사회는 그 자체적으로 위험을 생산해내며, 그래서 위험은 본원적인 것이다. 이에 따라 단순한 직접적인 위험뿐만 아니라 광범위한 위험요인들이 개인의 생활에 영향력을 행사할 수 있다. 지구온난화나 오존 파괴, 미세먼지 등이 대표적인 예이다.

둘째, 위험은 분배과정에서 불평등이 성립될 수 있다. 과거 산업사회에서 부의 분배에 따른 계급 차별은 확연하였고, 가시적인 것이었다. 이에 따라 위험의 불평등은 부의 요건에 따라 차이를 보이기도 한다 (산업사회에서 부유한 사람은 보다 좋은 음식과 깨끗한 집에서 거주하였기 때문에 빈곤이나 질병에 의한 사망 가능성이 일반 노동자층보다 낮았다. 설사 질병에 걸린다고 하더라도 부유한 사람들은 부유하지 않은 사람들에 비해 좋은 병원에서 질 높은 의료서비스를 받을 수 있었다. 그렇기에 부자와 빈자 간에 위험불평등이 존재할 수밖에 없었다). 하지만 오늘날 위험은 평등하게 분배되는 경우가 대부분이다. 예를

---

50) 김영욱(2008). 위험, 위기 그리고 커뮤니케이션. 서울: 이화여자대학교 출판부.

들어 공해로부터 자유로울 수 있는 사람은 많지 않으며, 핵폭발로부터 안전할 수 있는 사람은 거의 없다. 그러므로 현대사회의 위험은 모두에게 불가피하다.

셋째, 위험은 산업사회의 논리에 가장 충실했을 때 발생한다. 사람들은 한정된 자원에서 자신의 이익을 극대화하기 위해 위험을 감수하게 된다. 이는 사람들로 하여금 특정 위험을 자발적으로 수용하게 만든다. 즉, 위험해도 어쩔 수 없다는 심리적 요인이 작용하는 결과이다. 따라서 산업사회에서 위험은 사회에 대한 성찰이 이루어지지 않는 한 변화하기 어렵다는 특성을 갖는다. 만약 양육강식이 지배하는 사회라면 위험은 극대화될 수밖에 없다.

넷째, 위험은 위험에 대한 인식이 가장 중요하다. 위험은 실체가 없으며, 단지 우리의 머릿속에 인식되는 것일 뿐이다. 그러므로 위험은 사회적으로 어떻게 재구성되느냐에 따라 그 정치적인 영향력이 결정된다. 가령, 공중이 위험을 심각하게 인식하고 해결책을 모색할 때, 위험문제에 비로소 대응할 수 있다. 예를 들어 과거에는 환경파괴나 원자력발전소 건설 등이 위험문제로 인식되지 못했다. 오히려 삶을 보다 윤택하고 풍요롭게 하는 것으로 여겨졌다. 하지만 사회민주화에 따라 과거에 인식하지 못했던 위험을 비로소 인식하게 되었고, 갈등을 감수하고서라도 반드시 해결해야 할 중요한 지상과제가 되었다.

2. 하나보다는 열이 좋다

시민문화의 혁명, 그 새로움의 시작: 광우병 촛불시위

"백지장도 맞들면 낫다"고 했다. 아무리 쉬운 일이라도 협력하여 하면 훨씬 쉽다는 말이다. 위험을 예방하는 일은 쉬운 일이 아니다.

그래서 혼자 하는 것보단 여럿이 함께 하는 것이 훨씬 효과적이다. 위험은 어느 누구 하나의 노력으로 대응 혹은 예방할 수 있는 것이 아니며, 위험한 세상 속에서 살아가는 우리 모두의 노력이 함께 조화를 이룰 때 가능한 일이다.

이러한 가능성은 <광우병 촛불시위>에서 찾아볼 수 있다. <광우병 촛불시위>는 우리사회에서 비정치적이면서도 자발적인 참여를 통한 시민사회의 성숙을 보여준 사례이자 올바른 시민문화가 어떻게 형성되어야 하는지를 보여준 진보적 형태의 시민문화라고 하겠다. <광우병 촛불시위>의 발달은 2008년 4월 18일에 미국산 쇠고기 수입을 위한 '쇠고기 수입위생조건'이라는 개정안의 협상타결이 이루어지면서부터 시작되었다.

미국산 쇠고기수입 재개가 발표되면서 시민들의 우려와 분노는 전국적인 촛불시위의 형태로 나타났으며, 연인원 93만 명 이상이 참여한 총 2,398회의 촛불시위는 결국 두 번에 걸친 대통령의 사과와 미국과의 재협상을 통한 쇠고기 수입조건 강화를 낳았다.[51]

<광우병 촛불시위>는 이전의 거리시위나 사회운동과는 여러모로 성

---

51) 박희제(2012). 한국인의 광우병 위험인식과 위험회피행동. 농촌사회, 22(1), 311-341.

격이 다른 시위였다. 우선 <광우병 촛불시위>가 먹거리 위험이 주된 원인이었다는 점에서 이전의 정치적 성격의 시위와는 근본적으로 다른, 이른바 비정치적인 내용의 시위였다는 점이다.

둘째, <광우병 촛불시위>는 시위 참여의 주체들이 중고등학생에서부터 대학생, 주부, 자녀를 동반한 가족단위의 참가, 그리고 음악가부터 연예인 등 비정치적 성향의 다양한 주체들이 자발적으로 참여했다는 점이다. 이전의 시위들은 다분히 정치적인 시위들이었고, 시위참여 주체들 역시 정치적 집단들(노동자, 정당 등)이 중심이었다는 점에서 <광우병 촛불시위>와는 그 성격을 달리하였다.

셋째, 다양한 주체들의 자발적이고 적극적인 시위 참여와 더불어 <광우병 촛불시위>는 평화적이고, 축제성격의 시위였다는 점이다. 특히, 우리사회에서 '시위'가 시민문화의 축제 '성격을 띠었다는 사실은 그 동안 수준 미달의 정치인들의 행태를 보면서 한국사회의 대의민주주의의 한계를 뼈저리게 느꼈던 수많은 사람들에게 이를 해소할 수 있는 시민들의 집단지성과 직접적인 행동에 기초한 직접민주주의의 실현 가능성을 여실하게 보여준 새로운 형태의 시위문화였다.

물론 <광우병 촛불시위>를 광우병에 대한 근거 없는 불안감에 사로잡힌 대중의 비합리성이 낳은 해프닝이자 정치적 목적을 가진 일부 언론매체가 촉발시킨 정치적 사건,[52] 혹은 비과학적이고 의도적인 왜곡보도 및 과장보도로 인한 시민들의 광우병에 대한 공포와 좌파세력의 정치적 활용으로 나름 순수성을 지녔던 시위가 정권반대 집회로 변질되었다고 비판하는 사람들도 있었다.[53]

---

52) 박희제(2012). 한국인의 광우병 위험인식과 위험회피행동. 농촌사회, 22(1), 311-341.

하지만 <광우병 촛불시위>는 어느 주장이 옳고 그름을 떠나서 이전과는 새로운 형태의 시위문화를 보여준 사례였으며, 그 참여가 개인에서부터 가족단위에 이르기까지 매우 다양하였고, 자발적 참여에 기반을 두고 있었다는 점에 주목할 필요가 있다.

시위문화는 그 시대의 정치적 의식수준을 보여주는 전형적인 예이다.

저자는 <광우병 촛불시위>가 일부 매체의 왜곡 또는 과장보도에 의한 것이든, 좌파세력의 개입으로 인해 정치적 집회로 변질되었다는 식의 주장에는 전혀 관심이 없다. 순수하게 '광우병'이라는 위험에 대한 시민들의 자발적 행위에 초점을 두고 있는 것이다.

현대사회에서 '위험'이라는 문제는 정치적 영역에 속하는 문제이기도 하지만, 개인적 영역이면서도 사회적 영역에 속해 있는 매우 복잡한 문제이다.

이러한 복잡한 문제를 해결하기 위해서는 관련 이해관계 집단(개인, 시민, 과학자, 정부 등) 간의 대화와 합의를 통해서만이 가능하다.

<광우병 촛불시위>가 촉발된 이유를 살펴보자. 가장 근본적인 원인은 당시 이명박 정부의 광우병이라는 위험소통의 부재에서 비롯된다. 미국과의 쇠고기 졸속협상, 정부의 끊임없는 변명과 미봉책이 이어지면서 정부에 대한 불신과 불만이 결국 <광우병 촛불시위>로 이어진 것이다.

이에 대해서는 <광우병 촛불시위>를 바라보는 시각이 다른 사람들 역시 동의할 수밖에 없는 대목일 것이다.

---

53) 강윤재(2011). 광우병 위험과 촛불집회: 과학적인가 정치적인가?. 경제와 사회, 89, 269-297.

시민들의 참여와 공론화가 위험을 줄인다

과거 과학기술 분야는 비정치적인 부문에 속했던 영역이었다. 하지만 과학기술에 의한 위험사회의 고도화에 따라 과학기술은 정치적 영역으로 들어오게 되었다.

과학기술이 정치적 영역에 들어왔다는 의미는 과학기술 자체가 사람들의 삶과 무관한 것이 아니라 밀접하게 관련되어 있기 때문에 삶의 한 영역으로써, 그 개발과 방향성은 의사결정 과정을 통해 이루어져야 함을 시사한다.

의사결정 과정은 곧 공론을 의미한다. 이미 과학기술은 비록 막연할지는 모르지만, 다양한 혜택과 이익을 우리의 일상적 삶의 영역에 가져다 줄 것으로 기대되고 있다. 혜택과 이익뿐 아니라 예상할 수 없는 위험이라는 것도 함께 가져다 줄 것이기에 공론화를 통해 개인, 시민, 과학자를 포함한 전문가, 정부 모두의 의견을 수렴하는 의사결정 과정이 필요함을 의미하기도 한다.

하나의 예로서, 황우석 박사의 줄기세포조작사건은 기술, 과학전문가에 의해서 주도되었던 담론이 사회 일반의 공론의 장[54]으로 들어와 전문지식 혹은 전문분야라는 이름으로 숨어 있던 문제점이 밖으로 표출된 사례라고 볼 수 있다.

이러한 점은 과학기술이 사회적 공론화를 거칠 때, 그 위험성을 현저하게 낮추거나 사전에 예방할 수 있는 가능성을 높인다.

과거에는 위험의 정의가 전문가와 정부, 즉 국가에 맡겨져 있었다

---

54) 김영욱(2008). 위험, 위기 그리고 커뮤니케이션. 서울: 이화여자대학교 출판부.

면, 지금은 위험을 정의하고 규정하는데 있어서 개인 또는 시민들의 참여가 이루어지고 있는 것이다.

이것은 위험을 정의하는 지식의 위계질서에 변화가 일어나고 있다는 것을 의미한다.

즉, 기후변화, 글로벌 금융위기, 국제적 테러와 같은 글로벌 위험을 정의하는데 있어 전문지식의 한계가 명확해지면서, 과거 위험정의에 있어 우월한 위치를 차지하던 전문가들의 지식과 일반시민들, 특히 실제 위험 피해자들의 지식 및 경험이 평등한 발언권을 획득하고 있는 것이다.[55]

이러한 평등화는 공론의 기초 위에서나 가능하다. 특히, 공론은 집단지성을 발휘하는 시스템으로써, 함께 참여하고 공동의 선을 추구할 수 있는 근본적 과정이라는 점에서 커다란 의미를 지닌다. 어떤 위험문제에 대한 사회적 합의를 창출하고, 문제해결을 위한 과정으로 발전시킬 수 있는 것이다.

이에 따라 위험문제와 위험문제로 인한 유발되는 갈등은 공론이라는 사회적 합의 과정을 통해 이끌어낼 수 있다. 하지만 공론이 이루어지는 과정은 사실 매우 복잡한 과정이기도 하다.

왜냐하면 위험문제가 정치적 영역으로 들어오면서 위험문제 역시 다양한 이해집단 간의 정치적 이해관계의 문제로 확대 재생산되기 때문이다. 가령, 원자력발전소의 건설이나 입지 문제는 대표적인 정치적 이해관계가 얽힌 문제이다. 즉, 원자력발전소가 들어설 지역에 거주하

---

55) 박희제(2014). 위험사회에서 세계시민주의로: 울리히 벡의 (기술)위험 거버넌스 전망과 한국의 사회학. 사회사상과 문화, 30, 83-120.

는 사람들은 원자력발전소의 잠재적 위험성 때문에 원자력발전소 건설을 완강하게 거부하기도 하지만, 모두가 같은 마음일 수는 없다.

일부 지역민들은 원자력발전소가 자신이 거주하는 지역에 건설됨으로써 얻을 수 있는 다양한 혜택과 이익을 고려, 찬성할 수도 있다.

이러한 갈등상황은 결국 원자력발전소 건립을 반대하고, 해체를 요구하는 시민단체들의 개입이나 관변단체, 그리고 해당지역구 내의 국회의원들, 그리고 원자력발전소를 건립하고자 하는 정부를 포함한 여당과 이를 반대하는 야당의 개입을 불러와 결국에는 정치적 이해관계의 문제로 확대되는 것이다.

이처럼 정치적 이해관계의 문제로 확대될 경우에는 갈등을 줄이고 합의를 도출하고자 하는 공론화 과정이 오히려 대립과 반목을 더욱 확산시키는 문제로 비화될 수 있다. 따라서 공론화 과정은 일정한 틀 속에서 이루어져야 할 필요가 있는데, 그것이 바로 위험커뮤니케이션의 활성화이다.

위험커뮤니케이션은 민주주의 가치를 지키는 것과 함께 공중의 참여를 유도하고 장기적으로 우호적인 공중관계 형성을 통해서 커뮤니케이션 공동체를 이루어가려는 노력과 맞닿아 있다.

즉, 사람들의 주관적으로 형성된 위험인식을 고려하면, 위험문제를 해결할 수 있는 절대적인 기준은 없는 것이나 마찬가지이다. 그러므로 커뮤니케이션의 역할이 매우 중요해진다. 위험문제는 일반인들이 이해할 수 있는 수준에서 이루어져야 하고, 일반 공중의 참여를 통해 합의점을 찾아나가야 하는 것이다.

이때 다양한 사회 주체들이 의사결정과정에서 의사소통행위를 통해 합의점을 찾아나가야 한다.[56] 이러한 과정은 위험커뮤니케이션이라는 기초 위에서 성립되며, 위험커뮤니케이션의 힘은 다양한 사회주체들의 참여와 우호적인 관계에 기초한 신뢰에서 그 위력을 발휘할 수 있다.

---

56) 김영욱(2008). 위험, 위기 그리고 커뮤니케이션. 서울: 이화여자대학교 출판부.

자발적인 사회적 수용이 중요하다. 그리고 보상은 덤

스웨덴은 방사능폐기물처리(이하 방폐장) 입지문제 해결에 있어서 세계적인 모범사례이며, 중저준위 방폐장 설치에서는 거의 갈등이 발생하지 않았다. 하지만 스웨덴 역시 (고준위) 방폐장 입지갈등 문제는 20년 이상 해결되지 않았던 문제였으나, 결국 세계에서 유일하게 고준위방폐장 입지 갈등문제를 성공적으로 해결한 나라가 되었다.

1972년 스웨덴 핵연료주식회사(SKBF)가 출범하였고, 이후 사용후핵연료의 안전한 처분을 중심 업무로 하는 스웨덴방폐물관리공단(SKB: Swedish Nuclear Fuel and Waste Management Company)로 전환하였다. SKB는 어디에, 어떻게 고준위방사성폐기물을 안전하게 처리할지에 대한 핵연료 안전성 프로그램을 효과적으로 구현하기 위해 다양한 지질전문가들을 참여시켜, 1980년부터 본격적인 지질학적 탐사를 수행하였고, 1985년까지 10개 지역에 대한 시험굴착 및 연구를 진행하였다.

하지만 스웨덴 내 실험굴착 해당지역 환경단체의 격렬한 저항에 직면하였고, 이러한 반대운동/시위는 무려 20년간 지속되었다. 그리고 지역주민 저항단체들은 곧 전국가적 연합조직으로 발전하였다. 이러한 주민의 저항에도 불구하고 스웨덴방폐물관리공단은 적어도 한 곳의 지질학적 적합지를 찾아야 KBS 프로그램이 성공할 수 있다고 판단, 전국적으로 시험굴착을 강행하였고, 주민들은 시험굴착 지역을 봉쇄하고 스웨덴방폐물관리공단 조사단의 접근을 차단하였다. 이에 SKB는 경찰을 동원하여 강제적으로 시위대 해산을 시도하였고, 이 사태는 커다란 사회적 관심을 받게 되었다.

이에 환경부 장관이 SKB에 경찰동원을 삼가 하라고 공식적으로 선언하고, SKB는 시험굴착을 중단하게 되었다. 결국 스웨덴 정부와 스웨덴방폐물관리공단의 입지선정정책은 기술적, 지질학적 전문가의 판단을 중심으로 한 것이었으며, 일방적 실험굴착 대상지 선정과 굴착 강행이 주민들로 하여금 정부가 미리 입지를 선정하지 않았을까하는 의심을 갖게 만들었다. 이러한 방식은 지역 주민들로 하여금 '왜 하필 우리 지역'이라는 형평성 문제를 유발, 지역민 반발과 더불어 후손들에게 엄청난 환경적 부담을 남겨준다는 문제를 유발하기도 하였다. 이때까지도 공간적 형평성 문제해결을 위한 보상은 큰 고려사항이 아니었다.

1992년 스웨덴 정부와 스웨덴방폐물관리공단은 일방적인 지질학적 평가를 우선시하기보다는 지역 수용성과 자발성을 우선시하는 부지선정 전략으로 바꾸고, 부지타당성 조사의 경우에 '자발적으로 조사에 관심을 보인 지역'만을 대상으로 하는 한편 주민투표를 통해 최종입지를 결정하는 형태로 전략을 수정하였다. 부지타당성 조사는 지역별로, 지역 주도로 실시하며, 지질조사 (시험굴착은 포함하지 않으며, 기존 데이터를 활용) 와 부지, 환경, 교통, 사회적 영향 조사를 실시하게 하였다. 결국 스웨덴방폐물관리공단은 사용후핵연료를 위한 방폐장 입지 선정에 있어서 지역의 동의와 자발성을 가장 중요한 기준으로 삼은 것이다.

이후 스웨덴방폐물관리공단은 스웨덴의 286개 전체 지자체에 타당성 조사 의향서를 보내고, 1994년 타당성 조사결과 방폐장 부지로 적합함이 증명된 두 도시(Strouman과 Mala)에 주민투표를 실시하였으나, 두 도시 모두에서 '반대'를 표명, 결국 방폐장 부지 선정에 실패하였다.

이러한 실패에도 모든 지자체에 의향서를 보낸 것은 정부가 미리 입지를 선정하지 않고 모든 지자체를 공평하게 대우한다는 인상을 심어주었고, 이후 입지선정 작업의 성공을 이끄는 밑거름이 되었다. 구체적으로 1995년 스웨덴방폐물관리공단은 이미 원자력 시설을 보유한 4개 지자체에 의향서를 다시 보냈는데, 이는 원자력발전소 주변 주민들이 아무래도 원자력 산업에 보다 친숙하고 기반시설과 교통문제가 쉽게 해결될 수 있다는 기대감을 가지고 있을 것이라는 판단 때문이었다.

이후 2000년 타당성 조사 완료를 바탕으로, 2001년 11월 최종부지 조사, 그리고 2002년 4월 부지조사를 통해 최종적으로 오사마르(Osthammar)와 오스카샴(Oskarshamn)을 대상으로 부지선정 절차에 착수하였다. 2009년 6월 스웨덴방폐물관리공단은 상세 지질조사 결과를 바탕으로 고준위방폐장 입지로 오사마르(Osthammar)의 포스마크(Forsmark)를 최종적으로 선정하였고, 이 방폐장은 2013년 공사가 시작되어 2015년 완공되었다.

스웨덴의 경우, 보상은 방폐장입지선정에 매우 중요한 역할을 했다. 2009년 4월 스웨덴방폐물관리공단은 오사마르(Osthammar), 오스카샴(Oskarshamn) 시(市)와 2억4천만 달러(한화 약 3,000억 원)에 상당하는 투자 협정을 체결하였다. 여기서 주목할 것은 이 보상금의 대부분을 최종 입지에 실패한 도시에 주기로 협의한 것이다. 이러한 결정은 방폐장을 입지하면 다양한 직간접 투자를 통하여 보상을 받게 되므로 오히려 실패한 도시를 경제적으로 도와야 한다는 논리이다.

이상의 과정을 통해 얻을 수 있는 시사점은 첫째, 부지선정에 있어서 기술적 전문성을 바탕으로 한 지질학적 평가도 중요하지만, 이러한 기술적 전문성보다는 오히려 사회적 수용성이 더욱 중요하다는 사실이다. 완벽하게 안전한 지질학적 위치를 찾는 것은 사실상 불가능하다. 이른바 지질학적 불확실성을 인정하는 대신 기술적 보완을 통한 안전성 확보를 강조함으로서 사회적 합의를 이끌어내는 것이 필요하다.

둘째, 보상이 중요한 역할을 수행하였다. 비록 초기부터 명시적으로 얼마를 보상할지 정하지는 않았으나, 최종 두 개의 입지 후보가 남았을 때, 구체적인 보상액수를 정하였고, 입지에 실패한 도시에 대한 고려를 명문화하였다. 즉, 입지갈등 문제를 해결하는데 있어 효과적인 방법은 경제적 보상이다. 보상은 비 선호 공공시설로 인한 공간적 형평성 문제를 해결할 수 있는 강력한 수단이자 가장 현실적인 수단이기도 하다. 특히 해당지역이 경제적으로 침체된 상태라면 이러한 위험시설 입지에 대한 지역 수용성이 긍정적일 가능성이 높다. 또한 스웨덴의 경우에 해당지역 주민들이 방폐장 시설이 위험하다는 것을 느끼고 있었으나, 그 위험이 경제적 이익을 거부할 정도로 크지 않다고 인식한 것이 지역민들의 수용성을 높였다고 볼 수 있다.

지역의 자발성을 유도하는 개방적 절차 역시 매우 중요한 요인이다. 경제적 보상만으로는 문제가 해결되지 않는 경우가 많다. 특히 우리나라의 부안사태의 경우에 경제적 보상에도 불구, 주민동의가 없는 일반적 의사결정으로 주민들을 분노하게 하였고, 이것이 실패한 가장 핵심적 이유였다. 스웨덴의 경우도 단순 지질조자마저도 주민동의 없이 진행하였다가 실패하였다. 따라서 주민의 동의를 이끌어낼 수 있는 공모절차의 일관성 있는 운영 및 주민들에게 거부권을 부여하는 것은 매우 필수적인 절차적 성공요소라고 할 수 있다.

대중의 위험에 대한 친숙성은 위험소통에 있어서 매우 중요한 요소이다. 대중이 가지는 위험지각의 특성을 고려할 때, 위험에 대한 생소함과 두려움은 사회적 갈등을 만들어내는 중요한 요소 중 하나이다. 실제로 2008년 광우병 시위 당시, 우리나라에서 단 한건의 광우병 사례도 없었으나, 오히려 이러한 생소함이 사회적 갈등을 확산시키는 요소가 되었다. 스웨덴의 방폐장 사례에서 알 수 있듯이, 결국 입지에 성공한 곳은 이미 원자력발전소가 위치한 지역이었고, 다른 여러 요소들과 함께, 지역 주민이 가지고 있던 원자력에 대한 친숙함이 매우 중요한 성공요인이었다.

3. 위험세상에서 살아남기 위한 조건

과학기술에 대한 환상을 깨기

현대사회는 과학기술의 시대이다. 지금 21세기 사회에서 과학기술은 인간이 살아가는 모든 영역에 걸쳐 그 위상을 만방에 떨치고 있으며, 블랙홀처럼 우리의 모든 삶을 흡수하고 있다.

어떻게 보면, 과학기술은 신의 영역에 도전하려한 '바벨탑' (구약성경에 나오는 바벨탑은 고대 바빌로니아 사람들이 건설했다는 탑으로써, 신의 영역에 도전하려한 인간의 상징을 의미한다. '바벨(Babel)'은 '혼돈'이라는 뜻으로 알려져 있다) 의 또 다른 이름일지도 모른다.

현대사회에서 과학기술은 풍요의 상징이다. 지금 우리가 누리는 그 모든 것은 과학기술에 의한 혜택이다. 당장 우리의 주변을 보더라도 그 모든 부수적이면서도 하찮은 것이라고 할지라도 과학기술의 혜택을 받지 않은 것이 없다.

이제 인간과 사회를 논할 때, 과학기술을 빼놓고 설명할 수 없을 정도가 되었다. 단언하건데, 인간이라면 과학기술의 보이지 않는 영향력 속에서 살아가고 있는 것이다.

그럼에도 불구하고 현대의 과학기술에 대한 인간의 인식은 이중적이다.

한편으로는 첨단 과학기술의 경제적 효용성과 필요성을 절감하면서도 다른 한편으로는 첨단 과학기술에 대해 부정적인 인식을 가지고 있다.

현대의 과학기술이 청정한 자연을 복구 불가능할 정도로 파괴시키고 인간성을 황폐화시키고 있다는 비판도 적지 않다.[57] 이러한 문제는 과학기술에 의해 내재된 문제이기에, 이 문제를 해결하기 위해서는 과학기술 자체가 근원적으로 달라져야 한다는 주장도 있다. 이른바 "과학기술은 두 얼굴을 가진 야누스"이다.

하지만 사람들 역시 과학기술을 바라볼 때, '야누스적' 시선으로 바라본다. 특히, 첨단 과학기술에 의한 위험성 논쟁이 발생할 때는 더욱 그렇다. 예를 들면, 광우병사건, 유전자조작식품의 안전성 논란, 배아복제, 원자력(에너지)기술 등은 과거 우리사회에서 심각한 갈등과 분열을 초래한 과학기술 논쟁이라고 할 수 있다.

이러한 과학기술의 논쟁 이면에는 이미 정부 혹은 국가의 힘이 개입된 것이다. 정부나 국가가 의도적으로 갈등과 분열을 유도했다는 의미가 아니다.

첨단 과학기술은 과학기술자의 순수한 학문적 열의나 개발욕구, 혹은 자연탐구에 대한 욕망에서 더 이상 비롯되지 않는다. 첨단 과학기술의 개발과 발전은 산업사회에서 작동한 부(富)의 논리가 여전히 작동한다.

즉, 원자력기술이나 정보통신기술, 인공지능, 생명공학, 인공지능 기술 등은 세계시장에서 경쟁력 있는 산업이자 국가를 부(富)의 길로 이끌 수 있는 핵심요소로 인식된다.

막대한 부와 이익을 창출하는 과학기술로 인식되기에 국가는 위험이 따르더라도 이들 기술의 생산을 승인하게 된다.

---

57) 조항민(2014). 과학기술, 미디어와 만나다. 서울: 한국학술정보.

그러면서 정부나 국가는 첨단 과학기술이 고도의 복지국가를 실현할 수 있는 필수조건이라는 선전(Propaganda)을 통해 위험을 억제하기 위한 규제와 안전관리 혹은 위기관리체계를 구축해 불안을 최소화하려고 한다.

하지만 첨단 과학기술을 통한 복지국가의 실현은 오히려 위험을 증가시키고, 거대하고 통제 불가능한 체계로 만들고 있다. 하지만 정부나 국가에 의해 승인된 첨단 과학기술이 미래에 어떤 결과를 낳을지는 아무도, 그리고 즉각적으로 알 수 있는 것이 아니기에 손실을 야기할 수 있는 어떤 민감한 문제가 사회적으로 포착되지 않는다면, 위험 문제는 사회문제로 쟁점화되지 못한다.[58]

그래서 과학기술은 그 자체적으로 눈에 보이는 위험이 아니라 '보이지 않는, 인간의 시야와 인식 밖의 영역'에 속한 위험인 것이다. 이런 점에서 우리가 먼저 해야 할 것은 과학기술이 인간에게 풍요로운 삶을 약속할 것이라는 환상부터 깨야 할 필요가 있다.

즉, 과학기술이 언제라도 위험으로 변모할 수 있는 잠재적 위험성을 가지고 있다는 사실에 대해 명확하게 인식하고 있어야 한다는 의미이다.

이에 따라 과학기술에 의해 발생되는 문제나 위험은 소수 정책입안자들이나 일부 이해관계를 가진 집단 간의 정치적 합의에 의해 해결될 수 있는 문제가 아니며, 합의의 대상도 아니다. 대중과 과학자, 정부 등 우리 모두가 함께 고민하고 풀어가야 할 문제인 것이다.[59]

다만, 과학기술이라는 영역은 고도의 전문성을 가진 영역이기에 일

---

58) 노진철(2010). 불확실성 시대의 위험사회학. 서울: 한울아카데미.
59) 조항민(2014). 과학기술, 미디어와 만나다. 서울: 한국학술정보.

반 대중들이 이해하기에는 쉽지 않은 문제이지만, 이런 이유로 일반 대중은 과학기술과 관련된 의사결정에 참여하지 못하고 배재되었다. 그 결과로 대중은 과학기술에 의한 위험문제 해결에서도 배제되는 어처구니없는 결과를 맞이하였다.

현대사회에서 과학기술에 의한 위험은 우리 모두의 문제라는 점에서 과학기술에 의해 촉발되지도 모르는 위험문제 해결 역시 우리 모두의 노력으로 이루어져야 한다.

위험에 대한 성찰과 집단지성의 발휘

정부와 국가의 과학기술에 대한 기본 접근은 과학기술의 개발과 발전을 기본 전제로 하되, '위험이 따르더라도'라는 수식어를 통해 알 수 있듯이, 일정한 규제와 안전관리, 또한 위기관리체제의 구축을 통해 과학기술의 개발을 정당화한다.

가령, 빅 데이터 기술이 있다. 빅 데이터 기술은 사람들의 다양한 데이터를 추출, 분류, 가공하여 소비자의 기호와 욕구, 경험을 파악, 사람들에게 최적화된 서비스를 제공하는데 활용되는 기술이다. 개인별 맞춤형 서비스를 제공하는데 필요한 최첨단 과학기술인 셈이다.

그런데 문제는 기업에 의한 소비자들의 무분별한 데이터 수집은 개인의 사생활이나 프라이버시 침해라는 위험으로 이어질 수 있는 개연성을 내포한다. 누군가가 독자 개인들의 모든 비밀을 속속들이 다 알고 있다면, 그것처럼 끔찍한 일은 없을 것이다 (그리고 이것은 훌륭한 통제의 수단이 된다).

이러한 위험성은 분명히 기술개발 반대라는 반발을 불러올 수 있는 만큼 국가는 기술적 결함을 정책적으로, 그리고 기술적으로 보완하는 식으로 이어진다. 정책적으로는 각종 규제정책이나 지침, 안전조항을 만들고, 기술적 결함을 또 다른 기술로 보완한다.

즉, 과학기술에 의한 결함을 과학기술로 해결하는 셈이다. 결국 첨단 과학기술의 개발은 위험성이 따르더라도 정부나 국가의 묵인 또는 허락 하에 이루어진다. 이런 점에서 첨단 과학기술에 대한 갈등과 논쟁은 그 자체적으로 정치적 성격을 가진다. 과학기술이 정치적 성격을 갖는다는 건 어떤 기술에 대한 위험논쟁이 결국에는 정치적 성격으로 변모하면서 이해관계에 있는 집단 간 대립과 갈등에 의한 '진흙탕' 싸움으로 변질될 수 있음을 의미한다.

이 과정에서 위험은 더 이상 중요한 문제가 아니라 보다 더 큰 이익을 얻기 위한 수단이 된다. 그래서 위험에 대한 성찰과 집단지성의 발휘가 요구된다.

즉, 우리사회에서 위험은 이미 구조적으로 내재화되어 있다. 다만, 우리의 눈에 보이지 않을 뿐이다. 그런데 사람들은 눈에 보이는 것만 믿으려고 한다. 이러한 이유로 우리에게 필요한 것은 위험을 올바르게 바라볼 수 있는 제3의 눈(the third eye)이 필요하다. 제3의 눈은 이마 한 가운데 있는, 이제는 퇴화되었다고 알려진 눈으로서, 세상을 이해하고 제대로 바라볼 수 있는 지혜의 눈, 혹은 현자의 눈이라는 의미를 지닌다.

지금 우리에게 필요한 것은 바로 우리사회에 뿌리 깊게 내재된 위험을 제대로 바라볼 수 있는 제3의 눈이 필요하다. 성찰이라는 의식의 깨달음을 통해 현재 우리가 처해있는 상황을 올바르게 이해할 때, 위험에 대처할 수 있다. 그러므로 위험은 타협의 대상이 아니라 우리 모두가 반드시 극복해야 할 대상이다. 그리고 위험을 극복하기 위해서는 우리 모두가 함께 고민하고 소통하는 것을 통해 어느 한 개인이나 집단, 혹은 타협의 대상이 아닌 우리 모두의 문제임을 깨닫고, 모두의 머리를 맞대고 올바른 해결책을 찾기 위한 집단지성이 발휘되어야 한다.

책임의 공평한 분배와 위험소통

위험은 모두에게 공평하게 분배된다. 요즘처럼 악명을 날리는 황사나 미세먼지처럼, 그리고 공해나 방사능 등의 위험에서 벗어날 수 있는 사람은 아무도 없다. 그런 의미에서 '법 앞에 평등하다'는 말이 있듯이, 지금 우리가 살아가는 세상은 누구나 '위험 앞에 평등'한 세상이다.

이러한 명제는 사실 매우 중요한 의미를 내포하고 있다. 그 동안 위험문제가 전문가만의 독점 영역 (2002년으로 기억된다. 광고임에도 그 독특한 멘트 때문에 한참 인기를 끌어 유행어마저 탄생시켰던 OO리아 크랩버거 광고 멘트가 생각난다. "니들이 게 맛을 알 어?", 아마 연세가 조금 있으신 독자들은 이 광고를 알고 있을 것이다. 이 광고 멘트를 빌려오면, "니들이 위험을 알 어?", 이렇게 표현될 수 있을 것이다. 쉽게 얘기해서 지금의 위험들을 이해하기 위해서는 전문적 지식을 필요로 하는데, 일반 공중은 전문적 지식이 없어 이에 대해 무지하고, 심지어 편향된 생각마저 가지고 있기 때문에 과학적 데이터와 분석에 의한 전문가들의 객관적 지식에 의존할 수밖에 없었다) 이었던 것에서 벗어나 이제는 민주적으로 모두가 관심을 갖고 위험문제 해결에 동참해야 한다는 또 다른 역설적 표현이기 때문이다.

이제 위험이라는 것은 분배에서 공평의 문제로 확대되었기에 일반 사람들 역시 위험문제 해결을 위한 이해당사자가 되었다.

그러므로 위험문제 해결을 과거 정부나 전문가 집단, 사회적 혹은 경제적 이해관계를 가진 주체나 집단에게만 맡겨 둘 수는 없다. 일반 시민들도 동등한 주체로서 다양한 위험관련 의사결정에 참여하고, 그러한 위험문제를 해결하는데 동참해야 하는 것이다.

또한 위험은 공평하게 분배되기 때문에 위험을 야기한 책임 역시 균등하게 나눠가져야 한다.

책임의 문제는 매우 중요한 사안이다. 만약 위험요인이나 위험발생에 대해 책임이 있는 주체나 조직들이 그 책임을 지려하지 않거나 피해를 입은 공중에게 충분한 보상이 이루어지지 않는다면, 기본적으로 그 어떤 주체나 조직도 공중으로부터 공감을 이끌어내지 못하며, 공중의 분노로 이어질 수 있다.

이러한 문제는 결국 해당 위험에 대한 책임을 얼마나 잘 공평하게 분배하고 할당하는가 하는 책임의 문제이며, 이를 위해서 필요한 것이 바로 위험소통(risk communication)이다.

즉, 효율적인 위험소통은 일반 사람들, 다시 말해서 공중에게 위기에 대한 책임을 얼마나 잘 공평하게 할당하는가를 인식시키는 것이다.

가령, 우리나라에서 자주 일어나는 대형사건의 경우에 초기 언론의 집중적인 대응이나 흥분된 여론으로 인해 추상적이고 광범위한 성토가 이루어지지만 대부분의 경우에 말단 공무원이나 실무를 담당하는 사람 선에서 법적인 책임을 지우고 끝나는 경우가 많다 (드라마를 보면, 이러한 장면들이 자주 나오는데, 일명 '꼬리 자르기'라고 한다. 혹은 '몸통은 빠져나가고 깃털만 남았다'라는 말도 위의 상황을 잘 대변해주는 표현일 것이다).

이러한 위기대응과 사후처리는 결국 공중에게 위기와 관련한 책임성이 공정하고 공평하게 분배되지 못하고 있다는 강한 인상을 남기게 된다.[60]

2007년 12월에 충청남도 태안군 앞바다에서 당시 정박해 있던 홍콩 선적의 유조선 '허베이 스피릿 호'를 삼성중공업 소속의 크레인 부선 (동력이 없는 배)인 '삼성 1호'가 부딪치면서 유조선 탱크에 있던 원유 가 태안 인근 해역으로 대량 유출되는 사고가 발생하였다 (이 사고는 국내에서 발생한 기름유출 사고 가운데 최대 규모로 알려진 1995년 '시프린스호 유조선 좌초사건'보다 유출된 기름이 무려 2.5배나 많았 다. 뿐만 아니라 1997년 이후 10년 동안 발생한 3,915건의 사고로 인 해 바다에 유출된 기름을 합친 것보다 더 큰 규모이다. 가히 국내 사 상 최악의 해양오염 사건이었다).

　　당시 어업으로 생계를 꾸려가던 지역민들의 심각한 물질적, 정신적 피해는 이루 말할 수 없을 정도로 컸다.

　　하지만 이러한 피해를 떠나 지역민들이 분노한 것은 책임의 문제였 다 수많은 사람들이 자처하여 바다와 해안가 곳곳에 퍼진 기름띠를 제 거하기 위한 자원봉사활동을 하고 있는 동안, 정작 사고의 책임이 있 는(최소한 무관하지 않은) 상성중공업은 사고의 원인이 누구에게 있는 가의 문제가 구체적으로 밝혀지지 않았다는 이유를 들어 배상 및 복원 계획이나 공식적 사과도 없었고, 무려 47일간이나 구체적인 의사를 밝 히지 않아 많은 국민들의 사회적 반발과 질타를 받아야 했다 (이후 예 인선단의 항해일지 조작이 드러나 조직적인 증거조작 의혹이 제기되 었고, 삼성에 대한 불신과 비판의 목소리가 높아지는 상황으로 이어지 기도 하였다).

　　결국, 이 사건은 책임의 문제였다. 이미 발생한 사건은 돌이킬 수 없

---

60) 김영욱(2008). 위험, 위기 그리고 커뮤니케이션. 서울: 이화여자대학교 출판부.

다. 그러므로 책임이 얼마나 공평하게 분배되는가의 문제가 남는 것이다. 시민들이나 국민들이 봤을 때, 직접적이든 간접적이든 사고발생의 원인을 제공한 주체, 즉 삼성중공업이 책임을 지지 않고, 오히려 회피하려는 태도를 보였기에 책임이 공평하게 분배되지 않는다는 인식이 확산되고, 더 나아가 삼성중공업에 대한 불신으로 이어진 것이다.

태안기름유출사고는 결국 공중과의 위험소통이 얼마나 중요한지를 보여준다. 어느 조직이든 공중과의 소통은 기본이다. 그리고 소통은 신뢰에 기반을 두고 이루어져야 한다. 특히, 어떤 사고나 위험이 발생하였을 경우, 위험소통의 문제는 더욱 중요해진다.

사고의 책임이 누구에게 있는가의 문제를 넘어 직접적이든 간접적이든, 혹은 도의적이든 상관없이 적극적으로 책임을 지려는 자세와 노력에서 국민들은 신뢰를 느낀다. 이것이 바로 위험소통이며, 위험소통은 곧 책임과 신뢰의 문제인 것이다.

4. 위험은 안전을 넘어 안심으로

국민에게 위험은 안전이 아니라 안심의 문제

사람들의 위험 심리를 파악하는 연구자들은 각 위험에 대해 개별적인 반응을 보이는 공중이 어떻게 전문가와 다르게 위험을 지각하고 인식하는지를 파악한 결과, 전문가는 통계적 데이터나 수치 등을 통해 위험을 평가하지만, 공중은 결과적으로 얼마나 심각한 상황과 피해를 유발하는가에 의해 위험을 평가하였다. 그러므로 전문가와 국민은 위험을 바라보고 판단하는 기준 자체가 다르다. 특히, 다양한 위험을 해석하고 평가하며, 예측하는데 있어서 전문가들 간의 의견이 일치하지 않거나 상충될 경우에 일반 사람들은 더욱 불안해하고, 안심하지 못하며, 결국에는 사회적 갈등과 혼란을 야기하게 된다. 따라서 위험관리 주체들이 강조하는 '안전'은 국민이 요구하는 '안심'과는 별개의 문제로 해석해야 할 필요성이 있다.

어떤 위험이 발생하고, 위험관리 주체들이 그러한 위험에 대해 제대로 대처/대응하지 못할 경우에, 그 피해는 고스란히 국민에게 발생한다. 즉, 국민은 위험의 직간접적인 피해대상자가 되는 셈이다. 어떤 위험에 대해 직접적인 피해당사자가 될 경우에는 트라우마(Trauma)가 형성되기도 한다. 즉, 과거 경험했던 위기나 공포와 비슷한 일이 발생했을 때, 당시의 감정을 다시 느끼게 되면서 심리적 불안을 겪게 된다. 예컨대, 2003년 2월 198명의 사망자를 냈던 대구지하철 화재사고에서 살아남은 생존자들과 가족들은 그 당시의 사고현장과 경험 등을 자신도 모르게 계속해서 떠올리며 우울과 불안, 무기력감 속에 살아가고 있다.

또한 간접적으로는 대구시민들 역시 지하철을 탈 때마다 자신도 모르게 당시의 사건을 떠 올릴지도 모른다. 실제로 대구지하철 3호선에서 한 남성 승객이 휘발유통을 소지한 채 열차에 탑승하려다 역무원에게 저지당한 일이 있었고, 사건을 접한 대구시민들은 대구지하철 화재 사건의 악몽에 가슴을 쓸어내려야 했다. "시간이 지나고 일상에 익숙해지면 안전에 대한 경각심은 약해진다".

2015년 의정부 아파트 화재, 2016년 대구 서문시장 화재, 2017년 인천 소래포구 어시장 화재와 제천스포츠센터 화재, 밀양 요양병원 화재 등 큰 사건사고들이 반복되는 이유이다. 이러한 사건사고들이 발생할 때마다 노후화된 시설물, 불법 건축물, 엄격하지 못한 건축규제, 안전시설 미비 등이 단골소재로 등장하지만, 우리 주변에서 사건사고는 반복된다. 사고예방과 대처에 한계를 보이기 때문이다.

'안전'의 목적은 사고예방이다. 즉, 사전적 성격이 강하다. 그럼에도 우리 주변에서 끊임없이 사건사고가 발생하며, 수많은 사건사고를 직간접적으로 경험한 국민들은 위험관리 주체들의 '안전하다'는 주장을 믿지 않는다. 즉, 대구지하철화재사건의 예에서 보듯이, 한번 직간접적으로 경험한 사건사고들에 대한 불안감이 그들의 기억 속에 남아 있기 때문이다. 이른바 위험관리 주체들이 '안전'을 떠들어도 '안심'하지 못한다. 더욱이 특정 사건의 직접적인 피해당사자나 가족들은 더욱 그럴 것이다. 그러므로 '안심'은 사후적 성격이 강하다. 따라서 예방이라는 사전적 성격의 '안전', 그 동안 국민들이 직간접적으로 목도했던 사건사고들에서 벗어나 믿고 의지할 수 있는 편안한 상태인 사후적 성격의 '안심'이 결합될 때, 비로소 국민들은 위험관리 주체들에 대한 불안과 불신에서 벗어날 수 있다. 그럼에도 지금까지 개발된 안전관련 척도들은 단순히 기술이나 시설 등에 대한 안전기준, 관리 등을 진단할 수 있는 것에 머물러 있어, 사후적 성격이 강한 국민의 '안심'은 전혀 반영하지 못하고 있다. 따라서 위험관리 주체들이 주장하는 '안전'은 국민들을 '안심'시키지 못하는 것이다.

이제는 위험관리 주체들의 입장에서 위험을 평가하고 예측하는 것에서 한 단계 더 발전하여 국민의 입장을 고려, 안전에 안심을 포함하는 차원으로 확대되어야 한다. 즉, 우리를 둘러싼 위험환경에서 '안전'을 바탕으로 한 객관적 위험을 줄이려는 노력도 중요하지만, 위험에 대한 국민의 주관적 인식인 불안 역시 줄이고, 국민의 안심을 제고할 수 있는 방안을 동시에 모색해야 하는 것이다. 그러므로 위험진단과 관리, 평가에 있어서 전문가에게만 의존하는 풍토에서 벗어나 전문가의 '안전' 평가에 더하여 국민들의 '안심' 평가가 포함되어야 한다. 이에 기초할 때, 비로소 위험관리에 대한 국민의 불안을 해소하고, 신뢰회복으로 나아갈 수 있다.

안심사회는 신뢰로부터 시작된다

그 동안 우리사회에서 위험관리나 예방은 전문가와 시스템(행정) 중심의 문제였으며, 일반 공중은 관리의 대상이자 정보전달의 대상, 그리고 위험관련 무지에서 계몽시켜야 하는 존재로 바라보았을 뿐 사회복합적으로 내재된 위험문제를 함께 해결해 나가야 하는 동반자로 인식하지 못하였다. 각종 사건사고나 재난, 재해, 위험 등이 사회구조적 측면에서 내재화된 위험이라고 강조하면서도 위험의 해결은 정부나 과학자, 전문가 중심으로 한 대안 모색에만 초점을 맞추어 온 것이다.

이에 따라 과학합리주의에 입각한 전문가적 시각으로만 위험을 바라보고, 평가하며, 안전만을 강조함으로써 위험 관련 문제에 대한 국민적 이해를 도모할 수 없었으며, 국민들의 불안과 불신만을 초래하였다. 이러한 문제는 우리사회에서 위험소통이 실질적인 힘을 제대로 발휘하지 못하도록 하는데 영향을 미치고 있다.

빈약한 위험소통은 필연적으로 신뢰상실로 이어진다. 정부나 과학자, 전문가들은 사회적 인식에 대해 관심이 약하고, 대중은 위험과 관련된 과학적 지식에 취약하다. 이로 인해 잦은 정보의 통제나 왜곡현상이 일어나고 사회적 불안과 불신, 그에 따른 저항이 거세져 사회 갈등과 분열 양상으로 발전하곤 한다. 또한 위험관련 정보를 제공하는 경우에 있어서도 정보제공자의 목적을 위한 도구적 접근에 치중함으로써 성실한 위험소통은 제대로 이루어지지 않는다. 또한 전문가와 일반인들 쌍방 소통 역시 원활하게 이루어지지 않으며, 공중의 의견보다 전문가의 의견이 우월한 힘을 가지고, 전문가가 공중을 선도해야 한다는 도구적 관념들 모두 신뢰상실을 촉발하는 전형들이다.

> "과학적이고 기술적인 원천의 지향점은 과학 합리주의를 통하여 이상적이고 계
> 몽적인 버전을 만들기 위해서 노력하는 것이 아니라, 건전한 규정과 정책을 만
> 드는데 이용하는 것이다. 그러므로 전문가들도 개인마다 위험을 다르게 이해할
> 수 있음을 인식해야 하고, 특정 위험에 대한 건전한 규정과 정책을 만들기 위해
> 서는 전문가와 일반인에 대한 심리적 관점이 서로 다를 수 있음을 이해하면서
> 두 집단 내부에서 의견이 상당히 다를 수 있다는 점 역시 인식해야 한다."61)

그러므로 위험을 바라보고, 인식하는데 있어서 전문가와 국민이 서로 다르다는 점을 이해하고, 기존의 위험관리 주체들을 중심으로 한 안전이라는 관점에서 벗어나 국민들이 안심할 수 있는 환경을 조성해야 한다.

안심은 우리사회에서 위험문제 해결을 위한 소통의 문제이며, 위험관리 주체와 국민들이 함께 해결해나감으로서 불안과 불신에서 벗어나 신뢰를 회복할 수 있는 생존의 문제이기도 하다.

우리사회에서 위험관리 주체들이 강조한 '안전'이 대형 사건사고의 발생과 재발을 방지하지 못했고, 그로 인해 국민들은 위험관리 주체들이 강조하는 '안전'에 대한 불신이 높아졌다. 작금의 한국사회에서 위험관리 주체들이 강조하는 '안전'은 더 이상 국민들의 신뢰를 얻지 못하고 있는 상황이다. 이제는 안전을 넘어 국민이 안심하고 살 수 있는 세상, 이른바 안심사회를 건설하기 위한 노력이 이루어져야 한다. 그리고 안심사회 건설을 위한 시작은 '신뢰'로부터 시작될 것이다.

---

61) 송해룡, 한스 페터 페터스(2014). 위험사회와 위험인식: 위험커뮤니케이션의 갈등 구조. 서울: 성균관대학교 출판부.

안심사회를 위한 조건: 위험커뮤니케이션을 통한 위험소통과 신뢰회복

우리사회에서 발생한 다양한 위험 문제들은 위험소통의 실패와 위험커뮤니케이션의 부재에서 비롯된다. 우리는 이미 박근혜 정부의 불통과 위험커뮤니케이션을 통한 위험소통의 간과가 한국사회를 얼마나 파국적으로 변모시키고 사회적 갈등과 혼란, 불신을 초래하였는지를 경험하였다. 세월 호 사건이나 가습기 살균제 사태, 경주 지진 등의 문제는 박근혜 정부의 위기관리 실패의 원인이 위험소통에 있으며, 위험소통의 실패나 중요성 간과가 국가위기관리 시스템 전반의 문제로 확대되고, 대중들의 신뢰상실로 이어졌는지를 보여주는 전형적인 사례이다.

또한 박근혜 정부의 위험소통 실패와 신뢰상실은 전술하였다시피 "지극히 안심하지 못하는 사회에서 살아갈 수밖에 없는" 한국사회의 어두운 단면이기도 하다. 이 같은 경험적 사례에서 알 수 있듯이, 한국사회에서 위험문제를 해결하고, 안심사회로 나아가기 위해서는 무엇보다 위험커뮤니케이션을 통한 위험소통과 신뢰회복이 중요하다. 특히, 위험소통과 신뢰회복은 상호 밀접한 관계가 있다. 즉, 위험소통을 배제하고 신뢰를 논할 수 없다. 그러므로 위험소통과 신뢰는 하나의 시스템이라고 볼 수 있는 것이다.

우리사회에서 위험커뮤니케이션을 통한 위험소통이 높아지면, 광범위한 이해당사자들의 참여를 이끌어낼 수 있다. 위험문제가 원만하게 해결되기 위해서는 무엇보다 의사결정 과정이 시민들에게 열려 있어야 한다. 즉, 위험문제는 어느 한 집단의 문제가 아닌 '우리'를 구성하는 전체의 문제이다. 그렇기 때문에 위험문제 해결은 정부와 전문가, 시민 등 다양한 이해관계자들이 함께 모여 위험문제 해결을 위한 의사결정이 이루어질 때, 비로소 신뢰에 바탕을 둔 커뮤니케이션 파워의 회복 (개인과 지역공동체, 사회제도들 간에 위험에 대한 공통의 의미체계를 만들어가고 서로 신뢰하는 관계를 확립해나가는 보다 복합적인 과정) 을 통해 위험사회를 극복하고 안심사회로 나아갈 수 있는 조건이 형성되는 것이다.[62]

또한 커뮤니케이션 파워의 회복은 곧 참여민주주의의 회복을 의미한다. 신뢰가 형성되기 위해서는 상대방의 생각이나 느낌, 감정을 이해하고, 서로 공유할 수 있어야 한다. 이를 위해서는 상호 간의 허심탄회한 소통이 요구된다.

서로 간에 원활한 소통이 이루어질 때, 그리고 서로 간의 마음을 이해하고 감정을 공유할 때, 상호 간의 믿음이 형성되어 신뢰라는 것이 생겨난다. 이는 위험문제 해결에서도 그대로 적용된다. 정부나 시민, 전문가 등 다양한 이해관계자들 간의 원활한 위험소통이 이루어질 때, 위험문제 해결을 위한 진정성이 형성되고, 이는 필연적으로 상호 간의 신뢰로 이어질 수 있는 것이다.

앞서 전술하였듯이, '안전'이 '안전'이 될 수 없는 이유는 정부나 전문가들만의 '안전'이었기 때문이다. 즉, 정부와 전문가들이 강조한 '안전'에는 국민들이 배제되어 있는 것이다. 이로 인해 정부나 전문가의 '안전'은 국민들에게 '안전'으로 다가오지 못하는 것이다. 더욱이 정부

---

62) 송해룡(2017). 위험사회 한국과 리스크 커뮤니케이션: 안심사회 구현을 위한 성찰적 과제. 성균관대학교 위험커뮤니케이션연구단.

와 전문가들이 '안전'을 강조하고 약속했음에도, 우리사회의 여러 영역에서 다양한 위험문제들이 반복되고 지속되는 모습을 보여주었다.

이로 인해 국민들의 정부나 전문가들에 대한 불신이 형성되었고, 더이상 그들이 강조한 '안전'을 신뢰할 수 없을 정도가 되었다. 결국 위험커뮤니케이션을 통한 위험소통의 부재가 초래한 결과이다. 이에 '안전'을 넘어 '안심사회'로 가기 위해서는 우리사회의 다양한 위험문제에 대한 과학합리주의적 접근 (국민을 배제한 정부나 전문가, 과학자 중심의 대안 모색) 에서 벗어나 국민적 이해를 도모할 수 있는 위험소통이 원활하게 이루어져야 한다. 활발한 위험소통은 신뢰의 형성으로 이어진다. 그러므로 안심사회로 가기 위해서는 위험소통과 신뢰회복이 전제되어야 하며, 안심사회로 갈 수 있는 중요한 토대가 될 것이다.

결여

우리나라는 '한강의 기적'이라는 찬사를 받을 정도로 빠른 경제성장을 이룩하였다. 이러한 경제성장이 가능했던 이유는 국가의 모든 자원을 오로지 경제성장에 쏟아 붓는, 이른바 압축적 근대화 때문이었다. 하지만 압축적 근대화는 놀라울 정도의 빠른 경제성장 이면에 우리가 예상치 못했던 대가를 요구하였다.

즉, 빠른 경제성장에만 지상목표를 두었기 때문에 사회적으로 안전은 무시되었고, 속도 위주의 정책에 따라 각종 부정부패가 만연하였다. 이에 따라 우리사회에서 발생한 다양한 사건사고들은 사실 우연의 산물이 아니라 압축적 근대화가 가져온 부작용이며, 이러한 부작용은 우리사회 내의 구조적 문제이자 위험으로 해석해야 한다. 울리히 벡은 한국은 '선 성장, 후 안전'이라는 기조를 통해 성장하였고, 이는 속도의 효율성에 지나치게 집착한 나머지 그 동안 최고의 성장지표로 간주되었던 압축적 경제성과들이 오히려 한국 특유의 위험으로 변모함으로써, 다양한 안전사고들이 압축적으로 폭증하는 한국 특유의 위험을 양산해내고 있다고 강조하였다.[63]

울리힉 벡의 주장이 아니더라도 한국사회에서 발생하는 다양한 사건사고들은 대부분 안전사고이며, 인재(人災)에 의한 위험들이다. 그리고 부정부패, 안전 불감증, 도덕적 해이 등이 안전사고들의 주요 원인들이다. 이러한 문제들은 한국의 빠른 경제성장을 이끌어냈던 압축적 근대화의 부작용이라고 볼 수 있다.

결국 하나의 가치를 위해서 다른 수많은 가치를 희생시킨 근대화 방식이 아주 특별한 한국적 위험사회를 가져온 구조적 원인인 셈이다.[64]

---

63) 김영욱(2014). 위험커뮤니케이션. 서울: 커뮤니케이션북스

어쨌든 한국사회에서 각종 안전사고는 점차 빈번해지고 있으며, 대형화되어가는 추세를 보이고 있다. 압축적 근대화가 가져다준 산물들이 일정한 시간이 흘러 대형 위험으로 변모하고 있기 때문이다.

이러한 이유로 지금 우리사회에서 위험에 대한 논의가 제대로 이루어져야 한다.

만약 위험이 제대로 논의되지 않을 시에는 위험에 대한 과대평가 혹은 과소평가가 이루어져 해당 위험이 우리 사회에 미치는 영향을 제대로 진단하지 못하거나 부정확하게 진단함으로써 위험에 대한 효과적 대응이 힘들어질 수 있다.[65] 그러므로 우리사회에 구조적으로 노정되어 있는 '위험'에 대해 국민들을 포함한 다양한 이해당사자들(정부, 과학자, 언론, 시민단체 등)이 모여 허심탄회하게 논의하고, 위험 문제에 대해 솔직하게 소통함으로서 합일된 의사결정을 이끌어낼 수 있는 환경을 조성해야 한다.

이에 따라 위험에 대한 소통, 즉 위험커뮤니케이션은 매우 중요할 수밖에 없다. 하지만 위험은 그 영역 자체가 비교적 특수하고 전문적 영역에 속해 있어 어떤 대상에 대한 위험을 평가하거나 판단할 때 전문가에 의존할 수밖에 없다. 또한 동일한 위험에 대해 전문가는 각종 데이터나 자료를 통해 위험을 판단하지만 일반 시민들은 데이터나 자료가 아닌 주관적으로 위험을 판단하기 때문에 전문가와 일반 시민들 간에 위험평가나 판단에 대한 일정한 격차(gap)가 존재할 수밖에 없다. 사실 이러한 점은 정부의 위험관련 정책결정을 어렵게 하는 요인이기

---

64) 김원제(2003). 한국사회 위험(Risk)의 특성과 치유. 사회연구, 5, 169-196.
65) 김영욱(2014). 위험커뮤니케이션. 서울: 커뮤니케이션북스

도 하지만, 오히려 그렇기 때문에 정부는 위험관련 정책을 결정하는데 있어 일반 국민이나 시민들을 배제하여 왔다. 쉽게 얘기하자면, 그냥 무시했다는 의미이다.

하지만 위험문제는 어느 한 개인, 조직, 계층의 문제가 아니라 한국 사회를 살아가는 우리 모두의 문제이다. 더욱이 과거와는 다르게 현대 사회에서는 어느 누구도 위험에서 벗어날 수 없기 때문에 (이른바 위험의 공평성) 위험문제 해결을 위한 의사결정 과정에 국민 역시 반드시 참여해야 할 당위성을 가진다. 즉, 국민은 배제의 대상이 아닌 것이다. 그럼에도 국민은 위험관련 의사결정에 있어서 그 동안 배제되어 왔고, 위험소통에서 소외되었기에, 빈번하게 발생하는 대형 안전사고를 보면서 정부나 과학자, 전문가들에 대한 불신이 더욱 커질 수밖에 없었으리라.

그렇기 때문에 이제라도 위험커뮤니케이션을 통한 위험소통이 중요해지는 것이다.

신뢰(trust)는 위험관리나 위험평가 분야에서 매우 중요한 요인이다. 즉, 사람들이 시간이나 지식, 능력 등 의사결정을 위한 자원들이 부족할 때, 의사결정에 가장 큰 영향을 미치는 요인이 바로 신뢰이다. 신뢰하는 사람에 대해서는 그 사람에게 어떤 일을 시켜도 잘 할 것이라는 믿음을 갖게 된다. 그러므로 신뢰는 실질적 행위에 영향을 미치는 요인이기도 하다. 위험도 마찬가지다.

위험관련 학자들의 연구결과에 의하면, 원자력발전소에 대한 시민들의 의견을 원자력발전소 사고 이전과 사고 이후로 구분하여 살펴본 결과, 사고 이전보다 사고 이후에 원자력발전소에 대한 시민들의 부정적 인식이 증가하였고, 원자력발전소에 대한 지지도 하락하였다. 사고 이전과 사고 이후에 원자력발전소에 대한 인식이 부정적으로 변한 이유는 무엇일까? 그것은 바로 신뢰의 문제이다. 즉, 원자력발전소 운영주체나 감독기관에 대한 시민들의 신뢰가 사고로 인해 떨어졌기 때문이다.

이처럼 시민들은 위험과 관련된 부분에 대해서는 전체적인 위험평가나 판단을 내릴 때, 유독 신뢰에 의존하는 경향이 짙다. 원자력발전소에서 누출된, 혹은 누출될지도 모르는 방사능에 대해서는 두려워하면서 의료차원에서 이루어지는 방사선 치료에 대해서는 두려워하지 않는다. 이는 의료인이 자신을 치료하기 위한 행위임을 알기 때문이다. 즉 신뢰의 문제인 것이다. 그러므로 위험문제 해결은 언제나 '신뢰'가 전제되어야 한다.

각설하고, 현대를 살아가는 사람들에게 안전한 곳(place)이나 안전한 것(thing)은 것은 없다. 모두 어느 정도 수준의 위험에 노출되어 있는 것이다. 이러한 위험사회에서 우리는 '위험'과 관련된 핵심 주제를 공론화하고 그에 대한 대응책을 모색해야 한다. 그리고 이를 가능하게 하는 것이 위험커뮤니케이션이다.

위험커뮤니케이션은 사람들의 다양한 생각이나 의견을 개방된 장(場)에서 논(論)하고 사회구성원 간의 합의를 이끌어내는 과정이다. 즉, 위험커뮤니케이션은 일방적인 정보전달이나 설득을 위한 것이 아니라 시민들의 참여를 적극적으로 유도함으로써 위험문제를 함께 고민하고 해결할 수 있는 공론장(public sphere)을 이끌어내기 위함이다.[66]·

66) 김영욱(2014). 위험커뮤니케이션. 서울: 커뮤니케이션북스

영국의 연구위원회는 2010년부터 2014년까지 지구 성층권에 수증기와 같은 특정입자를 주입해 기후 변화를 완화시키려는 시도가 공학적으로 실현가능한지를 알아보기 위한 스파이스(SPICE) 프로젝트를 지원했다. 하지만 이 연구를 두고 과학자를 포함한 찬성론자들은 해당 실험이 사람이나 자연에 아무런 해도 끼치지 않으며, 온난화를 늦추기 위한 중요한 실험이자 안전한 실험이라고 주장한 반면에, 시민환경단체들은 해당 실험이 환경에 부정적 영향을 미칠 가능성이 있고, 오히려 온실가스 감축을 위한 국가 간의 전 지구적 협의와 노력을 약화시킬 수 있다는 점을 들어 해당 실험을 반대하였다. 이에 영국 연구위원회는 대중과의 소통을 통해 사회적 합의를 시도한 바, 해당 과제에 대해 총 5단계로 평가하였다. 각 단계마다 평가단은 연구진에게 연구의 목적과 잠재적 영향에 대해 예견하고 성찰했는지, 그리고 일반시민과 이해당사자들과 함께 숙의했는지를 묻고 평가해 연구의 지속 여부를 결정하였다. 평가단은 1단계(연구의 안전성 확인)와 2단계(규제준수 여부 확인)는 무난히 통과시켰다. 하지만 3~5단계에선 기준을 충분히 만족시키지 못했다고 평가하고 이 기준을 만족시킬 때까지 해당 실험을 잠정적으로 연기할 것을 권고하였다. 여기서 3단계부터 5단계 평가는 우리가 주목해서 볼 필요가 있다. 즉, 3단계 평가기준은 모든 이해관계자들이 해당 실험의 목적과 성격에 대해 명확하게 의사소통하고 이에 대한 균형 잡힌 토의를 장려했는지 여부였다. 4단계 기준은 해당 실험이 미래에 어떻게 이용되고 어떤 영향을 미칠 것인지와 새로운 정보가 나타날 때 이를 재평가하는 메커니즘이 갖춰졌는지를 평가하였다. 그리고 5단계 기준은 해당 실험의 영향에 대해 일반시민과 이해당사자들

의 생각을 이해할 수 있는 메커니즘이 갖춰졌는지를 평가하였다.[67]

이러한 평가기준은 위험이 정부나 전문가만의 문제가 아니라 대중을 포함한 우리 사회 전부의 문제이며, 왜 위험커뮤니케이션이 중요한지를 보여주는 사례라고 할 수 있다.

이제 위험문제는 우리 사회의 보편적 문제이다. 그렇기에 위험문제를 해결하기 위해서는 위험커뮤니케이션이 제대로 이루어져야 한다. 즉, 위험커뮤니케이션을 통한 위험소통이 활발하게 이루어질 때, 비로소 위험에 효과적으로 대처할 수 있다.

예컨대, 우리가 위험에 대처하고 예방하기 위해서는 무엇보다 위험에 대해 제대로 알아야 한다. 무엇이 위험하고, 왜 위험한지를 알아야 대처할 수 있는 것이다. 위험한지를 모르는데 어떻게 대처할 수 있겠는가?

이처럼 우리가 위험에 대해 알기 제대로 위해서는 사회 내에 위험커뮤니케이션을 통한 위험소통이 활발하게 이루어져야 한다. 위험소통이 제대로 이루어질 때, 위험은 우리 모두의 관심의 대상이 되고, 자유로운 의견과 토론을 바탕으로 하는 공론화를 통해 위험문제 해결을 위한 합일된 해결방안을 이끌어낼 수 있다.

그러므로 위험커뮤니케이션을 통한 위험소통은 위험문제 해결을 위한 가장 핵심적인 기초가 되며, 위험소통 없이는 그 어떠한 위험문제 해결도 이루어질 수 없다. 우리사회의 위험문제를 해결하기 위해서는 위험소통이 활발하게 이루어지고, 그 힘이 제대로 발휘될 수 있도록, 우리의 의식이 먼저 깨어 있어야 할 것이다.

---

67) 성지은(2017). 유럽에서 시작된 '사회에 책임지는 과학기술'. 과학기술정책연구원.

참고문헌

강윤재(2011). 광우병 위험과 촛불집회: 과학적인가 정치적인가?. 경제와 사회, 89, 269-297.

경향신문(2017.04.11.). "후쿠시마로 돌아가" "방사능 옮길라 저리 가".. '후쿠시마 원전사고' 이지메 199건

김봉철, 최명일, 이동근(2006). 학교 폭력에 대한 낙관적 편견과 제3자 효과. 홍보학연구, 10(2), 169-197.

김승섭(2016). 위험사회에서 생존할 수 있을까. 한겨레 21. http://h21.hani.co.kr/arti/society/society_general/41063.html

김영란(2011). 한국의 사회적 위험구조: 위험의 민주화 또는 위험의 계급화. 담론, 14(3), 57-88.

김영욱(2008). 위험, 위기 그리고 커뮤니케이션. 서울: 이화여자대학교 출판부.

김영욱(2014). 위험커뮤니케이션. 서울: 커뮤니케이션북스

김영욱(2016). '위험사회' 언론의 역할과 보도 개선 방안: 정확·신중한 정보 제공으로 사회 안전 역량 키워야. 신문과 방송. 한국언론재단.

김영헌(2014). 잘 속는 사람의 심리코드. 서울: 웅진서가.

김원제(2003). 한국사회 위험(Risk)의 특성과 치유. 사회연구, 5, 169-196.

김원제(2017). 리스크 예방, 극복과 사회적 신뢰. 성균관대학교 위험커뮤니케이션연구단.

김원제(2017). 위험사회를 넘어, 국가의 역할에 대한 소고. 성균관대학교 위험커뮤니케이션연구단.

김인숙(2012). 원자력에 대한 위험인식과 지각된 지식, 커뮤니케이션 채널의 이용, 제3자 효과가 낙관적 편견에 미치는 영향: 일본 후쿠시마 원전사고를 중심으로. 언론과학연구, 12(3), 79-106.

김찬원(2017). 과학기술에 대한 인쇄출판계의 대처와 자세(1): 과학기술의 본질 파헤치기. 월간 프리팅코리아, 10월호.

김찬원, 김원제(2015). 안심지수의 개발 및 적용. 한국사회과학연구(SSK) 세미나 발제문.

나준호(2016). 인공지능의 발전과 고용의 미래. 미래연구 포커스, LG경제연구원.

노진철(2010). 불확실성 시대의 위험사회학. 서울: 한울아카데미.

뉴시스(2011.03.29.). 이슈진단 '日 원전폭발..한국은 안전한가'-강진, 쓰나미 사고로 방사능 누출...식품서도 검출돼.

대전시티저널(2017.04.29.). 가습기살균제 보고서 작성 교수 플려나: 서울고법, 실형 원심깨고 징역 1년 집행유예 2년 선고.

댄 애리얼리 지음, 이경식 옮김(2012). 거짓말하는 착한 사람들: 우리는 왜 부정행위에 끌리는가. 서울: 청림출판.

동아일보 2011년 10월 31일자. 『후쿠시마 보도, 반성하는 일본 언론』.

듀에인 슐츠 저, 이혜성 옮김(2007). 성장심리학: 건강한 성격의 모형. 서울: 이화여자대학교 출판문화원.

매일경제(2016.05.15.). "너 나한테 관심있니?" 남자들의 못말리는 도끼병..왜?.

박미숙(2012). 후기현대사회의 위험관리를 위한 형법 및 형사정책연구(Ⅰ): 현대위험사회와 법치국가형법. 한국형사정책연구원.

박희제(2012). 한국인의 광우병 위험인식과 위험회피행동. 농촌사회, 22(1), 311-341.

박희제(2014). 위험사회에서 세계시민주의로: 울리히 벡의 (기술)위험 거버넌스 전망과 한국의 사회학. 사회사상과 문화, 30, 83-120.

심석태(2015). 메르스정보통제와 언론보도의 문제: 받아쓰기에만 충실, 적절한 정보제공은 소홀. 신문과 방송, 535, 30-33.

성지은(2017). 유럽에서 시작된 '사회에 책임지는 과학기술'. 과학기술정책연구원.

송해룡(2017). 위험사회 한국과 리스크 커뮤니케이션: 안심사회 구현을 위한 성찰적 과제. 성균관대학교 위험커뮤니케이션연구단.

송해룡, 김원제(2014). 공중의 환경위험이슈에 대한 커뮤니케이션 행동 연구: 지구온난화 쟁점(상황)을 중심으로. 스피치와 커뮤니케이션, 23, 273-309.

송해룡, 김원제, 조항민, 김찬원, 박성철(2015). 한국 실패사례에서 배우는 리스크 커뮤니케이션 전략. 서울: 커뮤니케이션북스.

송해룡, 한스 페터 페터스(2014). 위험사회와 위험인식: 위험커뮤니케이션의 갈등 구조. 서울: 성균관대학교 출판부.

안종주(2016). 빼앗긴 숨: 최악의 환경 비극, 가습기 살균제 재앙의 진실. 한울.

오마이뉴스(2016.09.05.). 섬나라 투발루가 바다 속으로 가라앉는 이유.

이규연 외(2016). 가습기 살균제 리포트. 중앙Books)

이장규, 홍석욱(2006). 공학기술과 사회. 서울: 지호.

이재신(2014). 커뮤니케이션 채널과 메시지 해석수준을 이용한 비개인적 효과의 원인에 대한 탐구: 빅 데이터 개인정보 유출 위험을 중심으로. 한국언론학보, 58(2), 111-133.

장재연(2016.06.07.). 가습기 살균제와 언론의 책임. (장재연의 환경이야기 참조)

전형준(2016). 메르스 위험 커뮤니케이션 분석: 심층사례 연구. **한국위기관리논집**, 12(5), 143-155.

조선비즈(2017.04.13.). 미세먼지 10년 대계 만들자: 마스크, 외출자제? 초라한 대응 수칙은 문제 있다.

조항민(2014). 과학기술, 미디어와 만나다. 서울: 한국학술정보.

조항민(2016). 융복합기술로서 GMO에 관한 보도경향 연구: 1994-2015년까지 국내 주요일간지 기사분석을 중심으로. 디지털융복합연구, 14(12), 267-281.

한국일보(2016.08.06.). 테러로 사망할 확률은 코코넛 나무 열매 맞고 즉사할 확률.

헤럴드경제(2015.06.02.). 약물남용·교통사고, 자연재해·비행기 추락보다 더 치명적.

Anderson, C., & Galinsky, A. D. (2006). Power, optimism, and risk-taking. European Journal of Social Psychology, 36, 511-536.

Bauman, L., & Siegel, K. (1987). Misperception among gay men of the risk for AIDS associated with their sexaul behavior. Journal of Applied Social Psychology, 17(3), 329-350.

Beck, U. (1992). Risk society: Toward a new modernity. thousand Oak. CA: Sage., 홍성태 역(1997). 위험사회: 새로운 근대(성)를 향하여. 경기도: 새물결.

Bostrom, A., & Lofstedt, R. E. (2003). Communicating risk: Wireless and hardwired. Risk Analysis, 23(2), 241-248.

Foster, J. D., Reidy, D. E., Misra, T. A., & Goff, J. S. (2011). Narcissism and stock market investing: Correlates and consequences of cocksure investing. Personality and Individual Differences, 50, 816-821.

Kellens, W., Zaalberg, R., Neutens, T., Vanneuville, W., & Maeyer, P. D. (2010). An analysis of the public perception of flood risk on the Belgian coast. Risk Analysis, 31(7), 1055-1068.

Langer, F. J., & Roth, J. (1975). Heads I win, tails it's change: The illusion of control as a function of sequence of outcomes in a purely chance task. Journal of Personality and Social Psychology, 32, 951-955.

Séralini, G. et al. (2012). Long term toxicity of a roundup herbicide and a roundup-tolerant genetically modified maize. Food and Chemical Toxicology, 50, 4221-4231.

Taylor, S. E., & Brown, J. D. (1988). Illusion and well-being: A social psychological perspective on mental health. Psychological Bulletin, 103, 193-210.

The PR News, 2015.06.04.

김찬원

중앙대학교 대학원 신문방송학과에서 언론학 석사와 박사학위를 받았다. 현재 ㈜유플러스 연구소 부소장(이사), 성균관대학교 겸임교수로 재직 중이다. 주요 저서로는 〈과학기술, 첨단의 10대 리스크〉(2016, 공저), 〈한국 실패사례에서 배우는 리스크 커뮤니케이션 전략〉(2015, 공저), 〈해외 성공사례에서 배우는 리스크 커뮤니케이션 전략〉(2015, 공저)이 있으며, 연구논문으로는 〈한국 직장인의 일-가정양립이 분노와 조직몰입 간의 관계에 미치는 매개효과, 2019〉, 〈Structural relationships among public's risk characteristics, trust, risk perception and preventive behavioral intention: Focused on MERS, 2017〉, 〈지진에 대한 지리적 측면의 거리감과 관여도, 감정이 위험인식에 미치는 효과, 2017〉, 〈과학기술에 대한 공중의 위험특성과 신뢰가 위험인식 및 위험수용에 미치는 영향: 나노기술을 중심으로, 2016〉, 〈공중의 원자력발전소에 대한 신뢰성, 위험인식, 효용성에 관한 연구, 2015〉, 〈위험소통을 통한 신뢰가 위험인식에 미치는 효과, 2015〉, 〈디지털위험 관리조직에 대한 신뢰가 위험지각과 위험관리에 미치는 영향: 전문가 조사를 중심으로, 2015〉 등이 있다.

위험
블랙홀

초판인쇄 2019년 4월 30일
초판발행 2019년 4월 30일

지은이 김찬원
펴낸이 채종준
펴낸곳 한국학술정보㈜
주소 경기도 파주시 회동길 230(문발동)
전화 031) 908-3181(대표)
팩스 031) 908-3189
홈페이지 http://ebook.kstudy.com
전자우편 출판사업부 publish@kstudy.com
등록 제일산-115호(2000. 6. 19)

ISBN 978-89-268-8786-8 03330